JN224952

シン・デジタル広告大全

デジタメ株式会社 代表取締役
大橋浩平 著

CONTENTS

Ad
BEST ITEM
Men's
TOPS

Ad
BEST ITEM
Men's
PANTS

序 章

なぜあなたは
この本を
手に取ったのか？

はじめに：自分で広告を出稿できるようになる

少なくとも大学受験を控えた高校生ではないでしょう。ましてや、今晩のおかずを何にしようか悩んでいる主婦でもないでしょう。

本書を手に取ったということは、何かしらの理由で、突然「デジタル広告」を出稿することになって、とにかく勉強しなければと感じている人だと推察いたします。

本書は、タイトルにある通り、この本を読めば、誰でも今すぐデジタル広告を〃自分で〃出稿できるようになるよう、解説しています。

◉＜想定している方＞

・企業のマーケティング部署の現場〜マネージャークラスの方

・集客をしたい、小規模企業 / 店舗のオーナーや個人事業主の方

基本的には、自分でデジタル広告出稿をしたくて、悩んでいる方を想定としています。
ただし、近年、事業会社でもインハウス運用（Web広告の出稿にかかる一連の工程を自社内で完結させること）の流れが来ており、広告代理店に出稿依頼をしている状態から、自社で広告出稿に切り替えたいと考えている会社の方も対象としています。

もちろんネット上で調べれば記事や解説動画は沢山あり、すぐに情報を得ることができます。また、頻繁にアップデートの発生するデジタル広告では､ネットでないとそのスピード感に追いつけないという事情もあります。

わざわざこの時代に、書籍を通して情報を得ることの必要性はあまりないかもしれません。
ただ、本書は、初心者でもすぐに広告出稿ができるように、デジタル広告の概念や基礎〜各媒体の特徴など、テクニカルなことをズラズラと並べるのではなく､しっかりと理解をしてもらうという点を重きに置いています。

もちろんスピード感に関してはネット情報には勝てませんが、誰かに聞きたくても、初心者の質問すぎて、「聞くに聞けない」状況で読み返してもらうなど、いわばデジタル広告出稿を始めるに当たっての教科書や参考書のような虎の巻として使ってもらえたらと思います。

・突然、デジタル広告を出稿することになった、あなたへ

さあ、突然、デジタル広告を出稿することになり、ワクワクしている方もいれば、混乱している方もいるでしょう。

ここで言っておきたいことは、デジタル広告においては、基本的な概念や仕組みを最初にキチンと覚えておくことが大事です。

前提知識が無い状態ですと、最初は難しく感じ、戸惑うことが多いと思いますが、最初が山場で、前提知識をすべて詰め込むことで、後は応用という形で進めることができます。

後ほど詳しく紹介もしますが、世の中には様々なデジタル広告媒体があります。

それぞれの媒体で特徴やできることが異なる点がありますが、デジタル広告としての概念や仕組みはほぼ同じです。

最初に基本をよく理解しないまま、先へ進もうとすると、後で後悔することになってしまいますので、最初によく理解してから、進めましょう。

・ネットを開けば、そこにはデジタル広告だらけ

皆さんは、普段デジタル広告にどのくらい触れているのでしょうか？

・Google や Yahoo! で何かを検索した時
・X（旧 Twitter）を開いて、タイムラインを見ている時
・YouTube で動画を再生しようとした時

など

元々、広告やマーケティングの仕事を担当していた方であれば、よく意識してデジタル広告を見ていたかもしれません。

一方で、今までそういった仕事に馴染みの無かった方は、是非パソコンでも、スマートフォンでも、タブレットでもよいので、世の中にはどんなデジタル広告が配信されているのかを見てみてください。

このインターネット社会の中で、私たちは多くのデジタル情報に触れています。そして、皆さんが思っている以上に、デジタル広告に触れています。

また、何故自分にこの広告が表示されたのか、どういったメッセージを伝えようとしているのか、を考えてみると、そこには広告主の想いや広告会社の戦略が見えてきます。

これからデジタル広告を出稿しようとしているならば、まさに今からデジタル広告を探し、是非研究してみてください。

デジタル広告は難しくない、食わず嫌いをしているだけ

皆さんはデジタル広告に対して、どういった印象を持たれているでしょうか？

「難しそう」、「横文字ばかり」、「運用しないといけない」、「媒体によって何か違うのか」など、ハテナマーク（？）ばかり浮かぶかと思います。

デジタル広告に比べるとマス広告（テレビ・新聞・雑誌・ラジオ）は、非常に分かりやすいと思います。

◉テレビ広告

番組の間に CM が流れる

◉新聞広告

新聞の記事の合間に広告がある

◉雑誌広告

本の中の広告ページがある

◉ラジオ広告

番組の間に音声広告が流れる

マス広告

マス広告は、「いつ広告が出るのか」「どこに広告が出るのか」「いくら費用がかかるか」など、あらかじめ広告の出し方や費用が決まっています。

これを「予約型広告」と呼びます。

もちろんデジタル広告にも予約型広告はありますが、本書で学ぶものは「運用型広告」という、広告の出し方や費用が常に変動し、またカスタマイズができる（運用する）ものになります。

この違いについては、後ほどの章にて詳しく説明しますので、概念だけ覚えておいて頂ければと思います。

このようにデジタル広告は多種多様な広告配信が可能である一方で、できることが多い分複雑なように見えます。

しかしながら現在は、管理画面（媒体側が用意する広告配信の設定や数値確認ができる画面）のシンプル化等で非常に分かりやすくなっており、クレジットカードがあれば、誰でもすぐに広告を出すことができます。

もちろん先述の通り、最初に覚えることは多いです。
ただ、最初に苦労した分、得られる効果は非常に高いため、どうか食わず嫌いをせず、是非吸収をしていってください。

・本書があなたに与えるメリットとは？

本書は、デジタル広告の「キホンのキ」から解説していきます。
初めてデジタル広告に触れる際の教科書として使い、実践の場に出る前に備えて頂ければと思います。

また、ある程度デジタル広告についての知見が身に付いて、広告出稿も数多く実施している中で、「あれって何だったっけ？」や「ここ実は苦手なんだよね」など、ところどころで分からなくなってしまう場面が出てくるかと思います。
そんな時も、基本に立ち返るという意味で、是非本書を読み返してみてください。

本書を使っていただくメリットとしては、

・基本に徹底的にこだわって勉強できる
・他人に聞けないようなことをコソッと振り返られる
・概念だけでなく実際に出稿することを目的としている
となります。

本書では、各媒体の詳細な説明などもさせていただきますが、細かな運用方法やテクニカルな応用については解説しておりません。

あくまで基本に忠実に、初心者向けに、概念や仕組みを理解し、広告が実際に出稿できるようになることを目的としていますので、ご了承いただけます幸いです。

・さあ、デジタル広告の世界へ飛び込もう

前置きはこのあたりにしておきましょう。
皆さんはこれからデジタル広告への門戸を開きます。
とにかくお伝えしたいことは、デジタル広告の出稿を是非楽しんで欲しいということです。
マス広告と違って、デジタル広告は、世の中に広告というものを簡単に出すことができます。
自分が戦略を考え、制作した広告が、世の中に公開されるということは、中々醍醐味があります。
本書をしっかりと読み進めて理解し、是非自分でデジタル広告を実際に出すことに挑戦してもらえたら嬉しく思います。
早速、第一章から、基本を叩き込むことになりますが、臆せずに着いてきてください。
それでは、デジタル広告の世界へ飛び込みましょう。

第１章

まずはこれから覚えよう！デジタル広告の基本のキ

デジタル広告って何？【デジタル広告の定義】

いきなり初歩的な論題ですが、デジタル広告の定義とは何でしょうか？

デジタル広告、すなわちインターネット広告とは、「Webサイトやアプリ、メールなどのインターネットを利用した広告・マーケティング活動のうち、インターネット上のメディア（媒体社）によって用意された有償の広告枠に掲出されるもの[1]」を指します。

つまり、そのままではありますが、（もちろん例外もありますが、）インターネット上に表示される広告のことを、デジタル広告と呼びます。

序章でも述べましたが、

- **GoogleやYahoo!で何かを検索した時**
- **X（旧Twitter）を開いて、タイムラインを見ている時**
- **YouTubeで動画を再生しようとした時**

など、皆さんがインターネット上で触れるメディアで掲出される広告は、すべてデジタル広告です。

ここでいう、メディア（媒体）とは、デジタル広告では、GoogleやYahoo!など、インターネット上で皆さんが目にするサイトやアプリなどを指します。

テレビや新聞もメディアと呼ぶように、デジタル広告でもメディアという呼び方をします。

1：一般社団法人 日本インタラクティブ広告協会（JIAA）、インターネット広告基礎用語集 、https://www.jiaa.org/katudo/yogo/yogoshu/

それまでインターネットメディアに触れる機会は、主にパソコン上という限りのあるものであったものの、スマートフォンの急速な普及により、年齢を問わず、インターネットメディアに触れる機会が圧倒的に増えました。

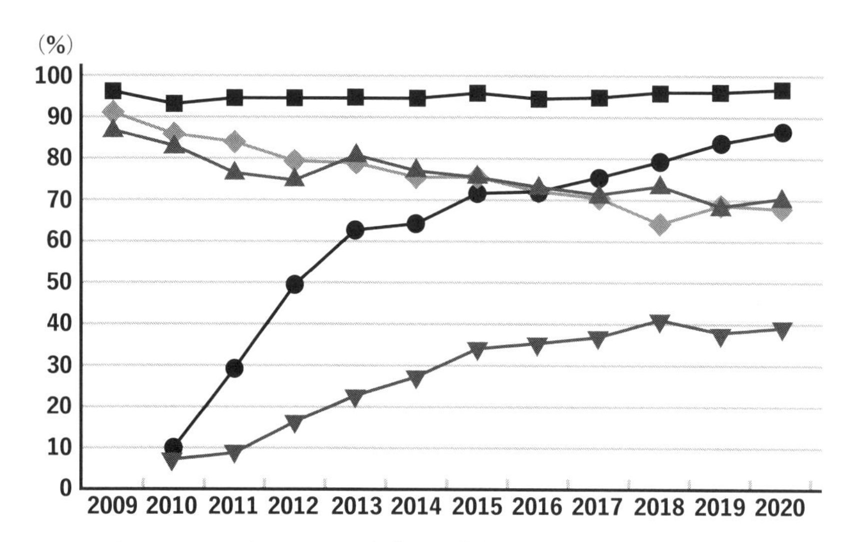

スマートフォン　パソコン　タブレット端末機
固定電話　モバイル端末期（携帯電話・PHS 及びスマートフォン）

総務省、情報通信機器の世帯保有率、
https://www.soumu.go.jp/johotsusintokei/whitepaper/ja/r03/html/nd111100.html

そして、それまで広告といえば、主にテレビ CM を指していたものが、スマートフォンの普及によって、デジタル広告を中心としたものへと定義が大きく変わったのではないかと思います。

また一概にインターネット上のものだけを指すのではなく、いまやマスメディアにもデジタル広告化したメディアが存在します。

例えば、街中の看板広告の OOH（アウト・オブ・ホームメディア、屋外メディアの略称）には、掲載される内容がリアルタイムで切り替わるデジタルサイネージ広告があります。

また、テレビメディアでは、地上波テレビ番組の見逃し配信が見られるTVerで番組が再生される前に表示されるプレロール広告が配信されています。

これらは、マスメディアが前提としつつ、今やデジタル化の波に応じて進化した、デジタルテレビ広告やデジタルOOH広告といったものでしょうか。

つまり、デジタル広告自体の言葉の定義は変わらないものの、実際のメディアはかなり変動していて、従来のマスメディアでも捉え方によっては、デジタル広告と見なすことができます。

広義の意味での現在のデジタル広告について、説明をしましたが、本書では、基本的にはGoogleやYahoo!をはじめとした、いわゆる主要インターネットメディアにおけるデジタル広告を取り上げていきます。

デジタルマーケティングの構造

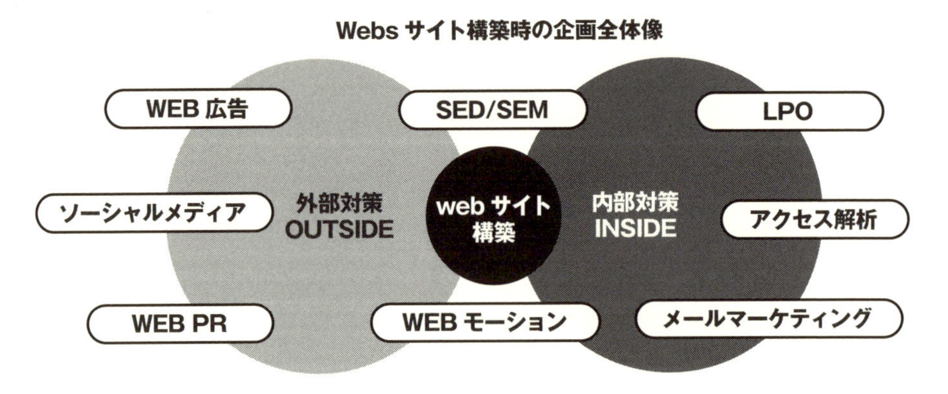

総務省、情報通信機器の世帯保有率、
https://www.soumu.go.jp/johotsusintokei/whitepaper/ja/r03/html/nd111100.html

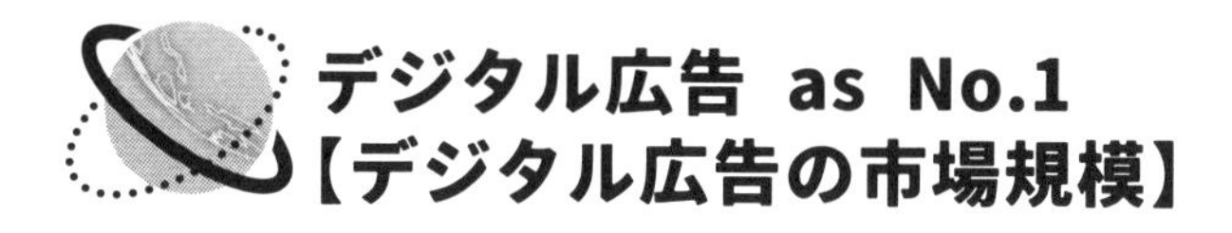

デジタル広告 as No.1【デジタル広告の市場規模】

日本の総広告費の推移

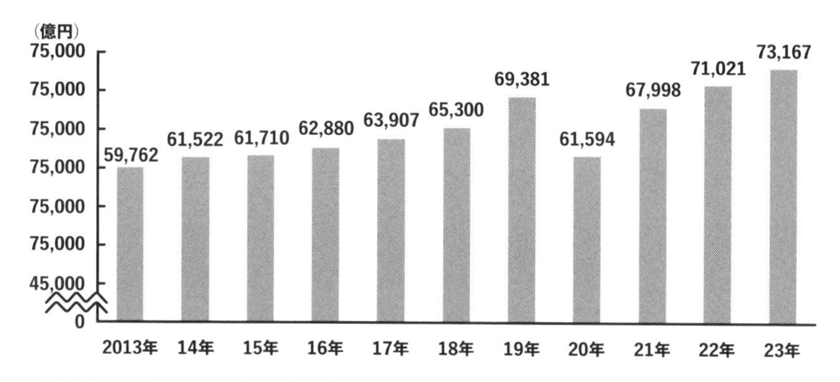

株式会社電通、2023 年 日本の広告費、
https://www.dentsu.co.jp/news/release/2024/0227-010688.html

それではここで、デジタル広告がこれまでどういった歴史を辿って、今の地位まで上り詰めたのかを見ていきましょう。

まず、マス広告なども含めた日本の総広告費については、コロナ禍の2020 年で落ち込んで入るものの、右肩上がりで成長しています。

日本においては、長らくマス広告の中でもテレビ広告が最も広告費の大きいメディアでしたが、2019 年にデジタル広告がその牙城を崩し、名実ともにトップに躍り出ました。

また、デジタル広告には、前述したTVer 広告などの「テレビメディアデジタル」や、新聞のデジタル版の「新聞デジタル」など、マスメディアのデジタル広告なども含まれており、これらの広告も着実に伸びてきています。

マス広告も含め、デジタル化の流れに応じて、広告のトランスフォーメーションがされている中で、まさに、名実ともに「デジタル広告 as No.1」として、君臨しているのです。

媒体別広告費＜2021年～2023年＞

媒体＼広告費	広告費（億円）			前年比（%）		構成比（%）		
	2021年	2022年	2023年	2022年	2023年	2021年	2022年	2023年
総広告費	67,998	71,021	73,167	104.4	103.0	100.0	100.0	100.0
マスコミ四媒体広告	24,538	23,985	23,161	97.7	96.6	36.1	33.8	31.7
新聞・雑誌	3,815	3,697	3,512	96.9	95.0	5.6	5.2	4.8
ラジオ	1,224	1,140	1,163	93.1	102.0	1.8	1.6	1.6
テレビメディア	1,106	1,129	1,139	102.1	100.9	1.6	1.6	1.6
	18,393	18,019	17,347	98.0	96.3	27.4	25.4	237
地上波テレビ	17,184	16,768	16,095	97.6	96.0	25.3	23.6	22.0
衛星メディア関連	1,209	1,251	1,252	103.5	100.1	1.8	1.8	1.7
インターネット広告費	27,052	30,912	33,330	114.3	107.8	39.8	43.5	45.5
媒体費	21,571	24,801	26,870	115.0	108.3	31.7	34.9	36.7
うちマス四媒体由来のデジタル広告	1,061	1,211	1,294	114.1	106.9	1.6	1.7	1.8
新聞デジタル	213	221	208	103.8	94.1	0.3	0.3	0.3
雑誌デジタル	580	610	611	105.2	100.2	0.9	0.9	0.9
ラジオデジタル	14	22	28	157.1	127.3	0.0	0.0	0.0
テレビメディアデジタル	254	358	447	140.9	124.9	0.4	0.5	0.6
テレビメディア関連動画広告	249	350	443	140.6	126.6	0.4	0.5	0.6
物販系 ECプラット	1,631	1,908	2,101	117.0	110.1	2.4	2.7	2.9
フォーム広告費　制作費	3,850	4,203	4,359	109.2	103.7	5.7	5.9	5.9
プロモーションメディア広告費	16,408	16,124	16,676	98.3	103.4	24.1	22.7	22.8
屋外・交通・折込	2,740	2,824	2,865	103.1	101.5	4.0	4.0	3.9
DM（ダイレクトメール）	1,346	1,360	1,473	101.0	108.3	2.0	1.9	2.0
フリーペーパー	2,631	2,652	2,576	100.8	97.1	3.9	3.7	3.5
POP・イベント	3,446	3,381	3,103	98.1	91.8	5.1	4.8	4.2
展示・映像ほか	1,442	1,405	1,353	97.4	96.3	2.1	2.0	1.9
	1,573	1,514	1,461	96.2	96.5	2.3	2.1	2.0
	3,230	2,988	3,845	92.5	128.7	4.7	4.2	5.3

株式会社電通、2023年 日本の広告費、
https://www.dentsu.co.jp/news/release/2024/0227-010688.html

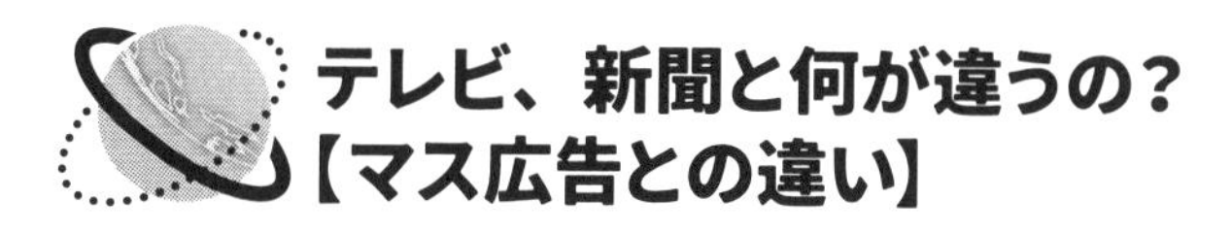

テレビ、新聞と何が違うの？【マス広告との違い】

それではデジタル広告が、テレビや新聞などをはじめとしたマス広告と何が違うのでしょうか？

当たり前ではありますが、広告が配信される場所は異なります。
それ以外の他の４つの観点で比べてみましょう。

	マス広告	デジタル広告
予算／費用	少額でも出稿可能で、また効果が会った時のみ課金という形式が可能。	少額でも出稿可能で、また効果が合った時のみ課金という形式が可能。
ターゲティング	地域や番組／メニュー内容によって特色があるが、詳細なターゲティングは不可。	各媒体の蓄積データから、詳細なターゲティングが可能。
効果測定	視聴率や到達数可能だが、得られる指標がかなり少ない。	広告の表示回数／クリック数／広告経由の商品購入回数や販売額など、広告の効果測定に関する情報をリアルタイムで測定可能。
運用改善	掲載開始後の広告素材変更は不可。	掲載途中で広告素材／ターゲティングの変更や入札戦略など、運用改善の施行が可能。

◉広告費用について

～少額から始めることができる。指定した効果が得られた時のみ課金することができる（運用型）～

マス広告については、あらかじめ、広告枠の出稿料金が決められていますが、例えばテレビCMですと、安くても数百万円、十分に出稿するには数億円程の投資が必要となるため、広告主としては相当の体力が必要です。

また、その後の成果が良かったか、悪かったかは関係なく、広告主は常に同一の広告料金を支払う必要があります。

一方で、デジタル広告は、マス広告と比較して、少額の予算から始めることができます。極論ではありますが、理論上は1円から広告が出せます。（最低の出稿金額はメディアによって異る）

また効果が得られた時のみに課金することが可能ですので、限られた予算の範囲内で広告出稿ができます。

例えば「クリック課金」では、広告が表示されただけでは課金とはならず、実際に広告がクリックされることで初めて課金され、また1回の課金の上限単価や合計金額の上限を設定することができる。

つまり費用感はもちろんこと、予測できない投資効果のリスク観点から考えても、とてもハードルの低い広告と言うことができます。

◉ターゲティングについて

～自分に商材に親和性のあるユーザーにのみターゲティング配信ができる～

マス広告については、テレビCMで考えると、配信する番組やテレビ局によって、対象となる属性が変わってきますので、ある意味ターゲティングは可能です。

全国番組であれば全国区に、ローカル番組であればローカル地域に、アニメ番組であれば低年齢に、ドラマ番組であれば若年層になど、広告出稿するメディアやメニューによって特色はありますが、詳細なターゲティングということではありません。

一方デジタル広告では、例えば、Google や Yahoo ！で検索した時に表示されるリスティング広告であれば、検索キーワード / 広告文 / 入札戦略などで、特定のユーザーへ配信することが可能です。
また、ディスプレイ（バナー形式の広告）や SNS 広告（Facebook・Instagram・X・LINE・TikTok など）では、各媒体の蓄積しているデータから、年齢・性別・エリア・デバイス・興味関心など、詳細なターゲティングが可能で、広告主の獲得したいユーザーを狙い撃ちすることができます。

◉効果測定

～効果測定できる項目が豊富にあり、
また成果地点への効果を可視化できる～

マス広告は、視聴率や到達数 (発行部数) などは測定可能ですが、あくまでユーザーへのリーチという観点の数値のみです。別途調査などを行わない限り、広告配信のみで得られる指標は少なくなります。実際の広告効果が、購買などの成果目標にどの程度貢献できているかを可視化することが難しい点がデメリットとして挙げられます。

一方、デジタル広告については、広告表示回数 (インプレッション)、クリック数を初めとした豊富な指標数、及びそれに対する効率（単価や率）面の数値など、広告の効果測定に関する情報をリアルタイムに、且つ掲載途中でも測定可能です。
また、ウェブサイト上の成果目標地点に計測タグと呼ばれるツールを埋め込むことで、目標到達回数 (コンバージョン) を計測できるため、広告がどの程度貢献できているかを可視化することが可能です。

◉運用改善

～広告の掲載開始後に内容の変更や運用の改善ができる～

マス広告については、まず広告素材の制作（CM 撮影など）から実際に出稿するまでのリードタイムがとても長くなります。

また、媒体の仕様として、広告の掲載開始後に何か改善点が見つかったとしても、原則、途中で広告の内容や出稿先への変更はできません。

一方、デジタル広告は、前述の通り、広告掲載期間中に広告効果を計測することが可能で、その反応に応じて広告素材の変更が可能です。

また、素材のみでなく、ターゲットや配信目的（例　クリック最大化、リーチ最大化などの KPI）なども配信途中で変更可能であり、成果目標に対して効果を最大化するために運用調整することができます。

これらの 4 つの観点から、広告主が、デジタル広告を選ぶ理由は、高度な広告戦略の展開が可能であるからです。

もちろんマス広告には、マス広告のメリットがありますし、決してマス広告が良くないということではありません。

ここでは、マス広告と比較した時のデジタル広告のメリットをお話しています。

デジタル広告のメリットとしては、少ない費用で始められ、またデータを駆使して狙った相手にピンポイントでアプローチ、そしてその効果をタイムリーに確認して、施策を改善することができることです。

検索、ディスプレイ、動画など【デジタル広告の分類】

デジタル広告の特徴を説明してきましたが、次にどんな種類があるのかをご紹介しましょう。

・タイアップ広告

よく〇〇タイアップや〇〇コラボなど、耳にする方も多いのではないでしょうか？

新聞や雑誌をはじめ、芸能人を使った物も多いですが、デジタル広告でもタイアップは存在しており、例えば雑誌のデジタル版でタイアップ記事での掲載があります。

そのサイトの記事であるかのような見せ方をすることができ、自然な形でPRをすることができます。

また、最近で分かりやすいところで言いますと、YouTuberの企業案件やSNSでのPR投稿も広義の意味でタイアップと見なすことができます。

・純広告

デジタル広告にも、マス広告のように、あらかじめ、掲載期間や露出量が規定されている広告枠があります。

いわゆる予約型広告であり、純広告と呼びます。

大手ポータルサイトのトップページなどに大きなバナー枠がありますが、圧倒的なアクセス数と視認性が高さを誇りますが、その分金額が高いことが多いです。

・アドネットワーク（ディスプレイ広告）

複数のサイトに横断的に広告を掲載できるネットワークで、アドネットワークと呼んでいます。

元々は、それぞれの広告枠に個別に配信するとかなり面倒ですし、費用もそれだけかさむことになります。

限られた予算で多くのサイトに露出できるメリットがあり、またさらにターゲティング手法が発達していることで、狙いたいユーザーへの配信が可能です。

後ほどご説明もしますが、有名なのは Google の GDA（旧 GDN）、Yahoo! の YDA（旧 YDN）になりまして、この 2 つのメニューでとても多くのページに広告を配信することが可能です。

・ネイティブアド

主にニュースサイト等のフィードに溶け込むような形で表示される広告です。

その名の通り、広告色が少なく、自然な形で溶け込むため、ユーザーのストレスを減らして、効果に繋げる効果が期待できる広告手法です。

グノシーやスマートニュースがなどでよく見かけることができます。

・SNS 広告

今の時代ですと、もっとも皆さんに馴染みのある広告かと思われます。

X(旧 Twitter)、Facebook、Instagram、LINE、TikTok、Pinterest など、挙げたらキリがありませんが、がソーシャルネットワーク（SNS）上で配信される広告になります。

各 SNS 内のタイムラインで流れるフィード型広告が多い印象です。

それぞれが保有するユーザーの属性や行動履歴といったデータを活用することができ、狙いたいユーザーにピンポイントに訴求することが可能です。

・動画プラットフォーム広告

今や動画の時代と言われていますが、知名度や規模としても、YouTube が No.1 の動画プラットフォームであるかと思います。

よくインストリーム広告という呼ばれ方をしますが、動画コンテンツを視聴する際に、コンテンツの前、コンテンツの中、コンテンツの後に、動画広告が挿入され、配信される仕組みとなります。

圧倒的な認知力を誇るため、いわば WEB のテレビ CM という言われ方もします。

YouTube 以外にも、AbemaTV や TVer など動画配信サービスのインストリーム広告が挙げられます。

・リスティング広告

皆さんが調べ物をする際に必ず一度は見たことのある広告で、そのままストレートに検索連動型広告と呼ばれることもあります。

Yahoo! や Google など検索エンジンの検索結果ページに表示される広告になり、既に検索行動を起こしている＝顕在層のユーザーを狙えることができることから、獲得目的でよく用いられる広告となります

最近では、マイクロソフトの提供する検索エンジン「Bing」でもリスティング広告が活用されています。

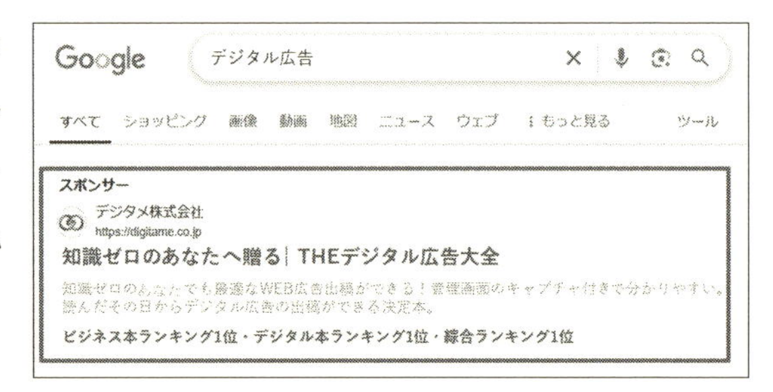

・アフィリエイト広告

成果報酬型広告とも呼ばれますが、成果（購入や申込など）が発生した場合のみ、広告費を支払うビジネスモデルとなります。

デジタル広告のみならず、ブログサイトやアプリなど用いられ、広告主としては成果が発生した時のみ対価を支払えばよいというメリットがあります。

運用型広告とは？【デジタル広告の概念と課金形態】

デジタル広告の大きな特徴として、運用型と呼ばれる手法があります。

これまで、「予約型広告」と「運用型広告」という言葉が何度か出てきたかと思いますが、ここで詳しく説明しておきましょう。

◉予約広告

広告主が、あらかじめ用意された広告枠（固定金額であることが多い）を購入し、配信期間や配信場所が保証されている広告となります。

つまり、広告を予約するという意味で「予約型広告」と呼ばれます。

◉運用型広告

広告主が、金額やターゲティングなどの掲載条件を自由にカスタマイズして広告掲載する手法となります。

また、基本的にはリアルタイムに入札が行われており、都度広告の掲載場所や順位が変動します。加えて、広告表示や広告クリックが行われた際のみ、費用が発生します。

つまり､広告を運用していくという意味で「運用型広告」と呼ばれます。

それぞれの定義が分かったところで、今度はそれぞれにどういったメリット/デメリットがあるのでしょうか。

◉予約型広告

・メリット

まず、予約型のそのままの特徴ではありますが、あらかじめ決められた場所・時間に広告が掲載されることから、広告の露出量が保証されているという点で安心があります。

また、圧倒的な露出量により、認知・ブランディングの施策に向いており、短期的な垂直立ち上げの訴求向けとも言えます。

・デメリット

広告掲載内容があらかじめ決まっているというメリットの裏返しではありますが、広告配信後の調整が基本的にはできません。

効果が悪いので、途中で配信面・ターゲティング・広告素材を変えたいと思っても、調整が不可となります。

◉運用型広告

・メリット

成果目標に対して、広告掲載途中でも細かな配信調整が可能です。予算をはじめ、ターゲティングや広告素材など、効果に応じて自由にカスタマイズすることができます。

・デメリット

自由にカスタマイズすることができる反面、高度な運用テクニックが必要となります。

常に他社との入札競合が発生するため、必ず露出や配信効果が保証されない点もリスクとなります。

このように互いにメリットとデメリットがある手法ではありますが、現在では運用型広告がインターネット広告費全体の９割を迫る形で占めています。

より広告成果を上げるために、自身でカスタマイズ・運用のできる、運用型広告のニーズが大きく占めていることが分かります。

本書でも、運用型広告を中心に解説をしていきます

横文字や三文字言葉をとにかく覚えよう【デジタル広告用語集】

本章の最後に、これからデジタル広告を出稿にあたって、基本的な知識として、覚えておくべき用語を紹介します。

後の章でも出てきますので、よく覚えておいてください。

◉広告指標に関する用語

・表示回数／ Impression（インプレッション）

ユーザーに広告が表示された回数。省略して imp（インプ）とも呼ぶ。

・クリック数／ Click

ユーザーに広告が表示（インプレッション）された後に、さらに広告をクリックした回数。

サイトへの遷移を伴う、いわゆるリンククリックのことを指すことが多

いが、媒体によっては、サイト遷移を伴わない、単に広告自体がクリックされた数を指す場合もある。

・コンバージョン数／Conversion

ユーザーに広告が表示（インプレッション）された後に、広告をクリックしてサイト遷移し、さらにサイト内で特定の成果目標に達した数。

購入や申込地点を成果目標とする場合が多く、タグ（HTML コードにようなもの）を設置して、ユーザーが広告経由から成果目標に達したかを計測する。

省略して CV（シーブイ）と呼ばれることも多い。

・動画再生数／View

ユーザーに動画広告が表示（インプレッション）された後に、動画広告をある一定の時間再生した回数。

動画再生の定義は、媒体によって異なるため、各媒体の規定を確認する必要がある。

・動画再生完了数／Complete View

ユーザーに動画広告が表示（インプレッション）された後に、動画広告を最後まで再生（再生完了）した回数。

・エンゲージメント数／Engagement

SNS 広告などでよく見られる指標で、ユーザーに広告が表示（インプレッション）された後に、広告に対していいね・返信・フォローなど、特定のエンゲージメント行動を起こした回数。

・コスト

広告配信において、ユーザーの行動よって課金された合計金額。

課金形態は媒体や広告メニューによって異なり、ユーザーのクリックやインプレッションで課金されることが多く、その課金の合計金額がコストとなる。

利用金額もしくは消化金額とも呼ばれる。

・表示単価／CPM（Cost Per Mille）

広告が1,000回表示されるのに掛かった単価。コスト÷表示回数×1,000で計算する。

・クリック率／CTR（Click Through Rate）

ユーザーに広告が表示（インプレッション）された後に、さらに広告をクリックした割合。クリック数÷表示回数で計算する。

ユーザーのニーズと広告内容がマッチしていると、クリック率が高くなる傾向で、反対にマッチしていないと低くなる傾向にある。

・クリック単価／CPC（Cost Per Click）

広告が1クリックされるのに掛かった単価。コスト÷クリック数で計算する。

クリック単価が安いと、効率良くクリック数を稼げているという評価になるが、反対にクリック単価が高いと、効率が悪いという評価になる。

・コンバージョン率／CVR（Conversion Rate）

広告をクリック（サイト遷移）した後に、コンバージョンが発生した割合。コンバージョン数÷クリック数で計算する。

・コンバージョン単価／CPA（Cost Per Action）

広告経由からのコンバージョンが1件発生するのに掛かった単価。コスト÷コンバージョン数で計算する。

コンバージョン単価が安いと、効率良く広告からの獲得数を稼げているという評価になるが、反対にコンバージョン単価が高いと、効率が悪いという評価になる。

・投資利益率／ ROI（Return On Investment）

広告投資に対してどれだけの利益を得られたのかを把握するための指標。広告経由の利益÷広告費用× 100 で計算する。

・広告の費用対効果／ ROAS（Return On Advertising Spend）

広告投資に対してどれだけの売上が得られたかを把握するための指標。広告経由の売上÷広告費用× 100 で計算する。

・重要目標達成指標／ KGI（Key Goal Indicator）

売上高や成約数など、中長期的に目指すビジネス上の最終目標とのことを指すことが多い。

・重要業績評価指標／ KPI（Key Performance Indicator）

KGI と達成するために、中間目標として設定される評価するための指標。一般的には KGI から逆算して内容を設定することが多い。

・リーチ数

広告が到達したユーザーの人数（実数）。表示回数（インプレッション数）とよく混合されるが、1 人のユーザーに広告が 2 回表示された場合は、リーチ数は「1」、表示回数（インプレッション数は「2」となる。

・フリークエンシー

1 人のユーザーが、当該広告を何回閲覧したかを示す数値。表示回数（インプレッション数）÷リーチ数で計算する。

当然、フリークエンシーが多いほど、1 人のユーザーに多く広告が当たっているという意味合いになる。

◉広告管理画面に関する用語

・広告アカウント

どの広告媒体も配信を行う際は、広告アカウントというものを使用します。

広告アカウントでは、広告の配信設定を行う他に

・アカウントへアクセスできるユーザー権限の編集機能

・クレジットカードの登録など請求関連の機能

・コンバージョン計測やリターゲティング設定の機能

などができます。

・キャンペーン

広告アカウントの構成の中で最上位階層となり、スケジュール設定やエリア設定など、広告配信の基本的な方針を設定することができます。

媒体によって、項目が異なりますが、

・キャンペーン名

・スケジュール設定

・広告予算

・地域設定

・入札戦略

などが、設定できます。

・広告グループ

キャンペーンの下に位置する階層です。広告グループでは、入札単価やターゲティングなどの設定が可能です。

・オーディエンス / セグメント

・**性別／年齢／子どもの有無／世帯年収**

・**入札単価**

主に誰に対して当てるか、いくらで入札するかを決める場所と思っていると分かりやすいかも知れません。

広告グループの役割として、例えばキャンペーン内で訴求を分けたい場合に、広告グループを分けることで可能です。

・広告（クリエイティブ）

ここで申し上げる広告とは、ユーザーに表示させる広告自身（クリエイティブ）のことを指しています。キャンペーン、広告グループの中にある最下の階層が、広告になります。

各媒体によって、規定やフォーマットが異なるため、注意が必要です。

第２章

「デジタル広告」どんな媒体があるの？

本書の一番重要な章に入りましたが、具体的なデジタル広告媒体について、ご説明していきます。

Google 広告

・Google 広告の概要

まずはじめに、言わずとしれた検索エンジン最大手の Google の広告を紹介していきます。

検索エンジンだけでなく、メール・カレンダー・ドライブをはじめ、後ほど出てくる YouTube なども提供しており、名実ともにトップの WEB サービスと言っても過言でもありません。

・Google 検索

Google 及び Google の提携する検索エンジンに広告出稿できるメニュー（いわゆるリスティング広告）となります。

◉概要

まず、リスティング広告自体の概要からご説明しましょう。

前の章でご説明をしましたが、リスティング広告とは、検索エンジンの検索結果ページに表示される広告になります。

仕組みとしては、あらかじめ検索キーワードを設定しておくことで、そのキーワードを検索したユーザーに、広告を表示させることができます。

既に検索行動を起こしている＝既に興味関心がある、顕在層のユーザーを狙えることができることから、獲得目的でよく用いられる広告です。

◉掲載面

　では実際にどこに掲載されるのかと言いますと、検索結果画面の最上位や途中にも掲載されます。

　Google では、左上に「スポンサー」と表示されているものが検索広告となります。

　一方で、スポンサー表示のないものは、いわゆる自然検索（SEO）という形になります。

◉広告フォーマット

　また、掲載される広告のフォーマットはどうでしょうか。

　リスティング広告は、テキストでのみ構成される広告となります。例外として画像が付くオプションなどもありますが、便宜上ここでは、テキストのみの広告としておきましょう。

　リスティング広告のテキストとしては、「広告見出し・説明文・リンク先

スポンサー

www.example.com/

広告見出し 1 - 広告見出し 2

説明文 1。 説明文 2。

の URL」の 3 つの要素で構成されています。

広告見出しは、テキスト量が少ないですが、一番ユーザーから見られる部分であり、説明文は長い文章で設定できますが、見出しを補足する形となります。

また、現在では「レスポンシブ広告」と呼ばれるものが主流で、あらかじめ、配信したい「広告見出し」と「説明文」を複数設定することができ、ユーザーの検索手法によって、媒体側で自動的に組み合わせて配信してくれる仕組みで構築されています。

◉課金形態

リスティング広告は、原則クリック課金（CPC 課金）となります。つまり、広告が表示されただけでは料金は掛からず、広告がクリックされてはじめて料金が発生（課金）される仕組みとなります。

また、運用型広告で、オークション（入札）形式となりますので、広告を表示させるためには、最低入札価格以上での入札が必要になります。最低入札価格はキーワードによって変動し、検索数の多いキーワードほど、最低入札価格も高くなる傾向があります。

◉オークション形式の概念

ここで、これまで何度も出てきている、リスティング広告（他のメニューでも同様ですが）のオークション形式についてご説明しましょう。

はじめての方には、中々分かりづらいところではありますが、株式投資でいうデイトレードのようなイメージです。

まず、リスティング広告では、ユーザーが検索した際に、掲載される広告、そして掲載される順位を、オークション形式で決定しています。

広告主は、「広告を出したいキーワードに対して、1クリック当たりに上限いくらまで払うのか」という、いわゆる「入札」を行います。
同時に入札している他の広告主と競合（オークション）の結果、掲載される広告と、その掲載順位が決定するという仕組みになります。

なお、このオークションは、ユーザーの検索が発生する度に行われているため、掲載される広告や掲載順位は、検索するユーザーによって、検索するタイミングによって、常に変動します。

リスティング広告のオークション形式の仕組み

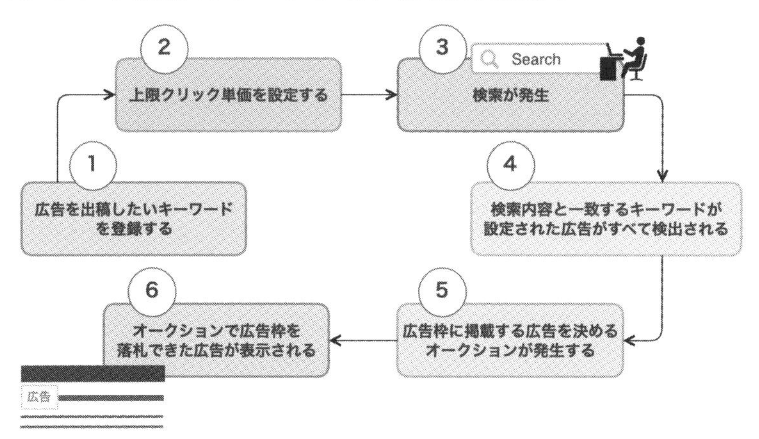

株式会社 THE MOLTS、リスティング広告の仕組み完全ガイド｜掲載の流れ、検索順位、クリック単価、https://moltsinc.co.jp/media/knowledge/6871/

◉広告掲載順位の決まり方

オークションによって掲載されるということは分かったかと思いますが、それでは、入札額が高ければ、必ず掲載されて、掲載順位も高くなるのでしょうか？

どのようにして掲載順位が決定されるのかをご説明しましょう。

まず、広告掲載順位を決める要素に２つの指標があります。

①入札価格

その名の通り、「広告を出したいキーワードに対して、1クリック当たりに上限いくらまで払うのか」の入札価格を設定します。

②品質スコア

品質スコアとは、広告の品質を目安で示したスコアで、10段階で評価されます。

評価されるポイントとしては、Google広告ヘルプによると下記のとおりです。

推定クリック率（推定CTR）: お客様の広告が表示された場合にクリックされる可能性の高さを示します。

広告の関連性 : お客様の広告がユーザーの検索の意図と一致する度合いを示します。

ランディング ページの利便性 : お客様のランディング ページが、広告をクリックしたユーザーにとってどの程度関連性があり有用であるかを示します。広告とランディングページの連動性、クリック率の高さなどが審査されます

入札価格のみで掲載順位が決まってしまうと、潤沢な予算を持つ広告主

のみが有利になってしまいます。そのため、品質スコアも掛け合わせた形で、広告の掲載順位を決定しているのです。

◉入札価格の決まり方

次に、どのようにして入札価格が決まるのでしょうか？

定義としては、「掲載順位が1つ下の広告の広告ランクを上回るために最低限必要な金額」となります。

これだけだと難しいので、例えば、あるキーワードに3つの会社が入札したとします。

（例）

	上限クリック単価	品質スコア	広告ランク	掲載順位
A社	100円	4	100×4=400	3位
B社	80円	6	80×6=480	1位
C社	50円	9	50×9=450	2位

ブランサーチマーケティング、掲載順位はどうやって決まるの？、
https://blanc-search.com/news1/

A社は上限クリック単価を100円に設定、B社は上限クリック単価を80円に設定、C社は上限クリック単価を50円に設定しました。

広告ランクによって、B社が掲載順位1位となりますので、2位のC社の入札額である50円を上回る「51円」で実際の入札価格が決定されます。

◉アカウント構成

　リスティング広告を含め、どの広告も配信を行う際は、広告アカウントというものを使用します。運用者界隈では、「管理画面」という言い方もしています。

　広告アカウントでは、

・アカウントへアクセスできるユーザー権限の編集機能
・クレジットカードの登録など請求関連の機能
・コンバージョン計測やリターゲティング 設定の機能

などがあります。

　そして、何よりも一番重要なのが、広告配信の設定となります。

　広告配信にあたって、「アカウント構成」というものが重要になってくるため、必ず理解しましょう。

　アカウント構成とは、広告配信を行うための設定の階層レベルという形になります。

　広告アカウントの中に、大きく分けて、

・キャンペーン
・広告グループ
・広告 & キーワード

の 3 階層に分かれます。

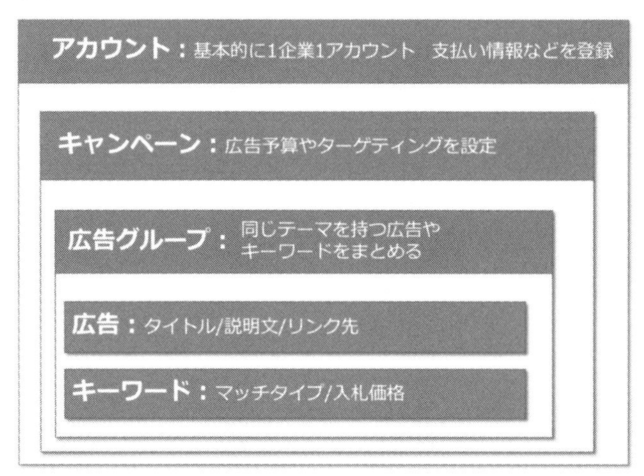

LISKUL、リスティング広告のアカウント構成とは？良し悪しを分ける３つのポイントと作成手順、https://liskul.com/listing-account-composition-581

◉キャンペーン

アカウント構成の最上位階層となり、下記の設定が可能です。

・キャンペーン名

ひと目で見て何の案件を配信しているかを分かりやすく記載すると良いです。

・配信スケジュール設定

広告配信を行う開始日と終了日を設定できます。配信開始後に、終了日は変更できますが、開始日は変更できません。

・1 日あたりの広告予算

Google 検索広告では全体予算は設定できず、1 日あたりの広告予算を設定する必要があります。

全体予算÷配信期間 =1 日の予算を計算して設定すると良いでしょう。

・地域設定

広告配信を行う地域を選択することが可能です。

都道府県〜市区町村レベルの地名での選択ができる一方で、座標を指定し、半径○○ KM 以内という設定も可能です。

・入札戦略

まず、入札戦略とは、入札価格の設定の仕方（戦略）を決める項目となります。

入札戦略は、「手動入札」と「自動入札」の 2 つに大きく分かれます。

手動入札は、その名の通り、キーワードそれぞれの入札価格を手動で設定する方法です。もちろんその分、工数が掛かるのですが、自身でコントロールができます。

自動入札は、媒体側が機械学習をした上で、自動的に入札価格を調整する方法です。24 時間リアルタイムで自動的にコントロールしてくれます。

ただし、予想外の動きをする可能性もあるため、完全に放置するのは好ましくなく、運用者側でのモニタリングは必要です。

さらに手動入札と自動入札は、下記の通りの種類があります。自身が定めた KPI・KGI に合わせて最適なものを選択しましょう。

◉手動入札

・個別クリック単価制

先ほどの説明の通り、個別のキーワードそれぞれの入札価格を手動で設定する方法です。

◉自動入札

・クリック数の最大化

設定した１日の予算内でクリック数を最大化できるよう、入札単価を自動で調整します。

・目標インプレッションシェア

検索結果ページの上部に広告が多く表示されるよう、入札単価を自動で調整します。

・目標インプレッション単価

目標とするインプレッション単価を設定し､その単価を達成できるよう､入札単価を自動で調整します。

・コンバージョン数の最大化

設定した１日の予算内でコンバージョン数を最大化できるよう、入札単価を自動で調整します。

・目標コンバージョン単価

目標とするコンバージョン単価を設定し、その単価を達成できるよう、入札単価を自動で調整します。

・コンバージョン値の最大化

まず、コンバージョン値とは、コンバージョンに対する価値のことで、例えば、1コンバージョン=5,000円など商品単価などを設定することができます。

そのコンバージョン値を最大化できるよう､入札単価を自動で調整します。

・目標広告費用対効果

広告の費用対効果（ROAS）が最大化できるよう、入札単価を自動で調整します。

◉広告グループ

キャンペーンと広告・キーワードの間の階層に、「広告グループ」があります。

この広告グループでは、下記の設定が可能です。

・オーディエンス セグメント

興味関心カテゴリなど指定してターゲティングができます。

本来、ディスプレイ広告や動画広告で使われるものであるため、リスティング広告での設定の推奨はしていません。

こちらはディスプレイ広告の項目で詳しく説明します。

・性別 / 年齢 / 世帯年収

ユーザーの性別 / 年齢 / 世帯年収の絞り込みが可能です。

・入札単価

広告グループレベルで、入札単価を設定することが可能です。

上記の機能以外での、広告グループの役割として、例えばキャンペーン内で訴求を分けたい場合に、広告グループを分けることで可能です。

この後説明する広告やキーワードについて関連性がありますが、例えば、

キーワードによって配信する広告を出し分けたい場合、1つの広告グループにまとめてしまうと、出し分けができません。

広告グループを分けることで、キーワードごとに広告を出し分けすることができます。

◉広告

キャンペーン、広告グループの中にある最下の階層が、広告になります。

・広告

広告フォーマットの項目でも説明しましたが、広告見出し・説明文・リンク先の URL の 3 つの要素で構成されます。

スポンサー

www.example.com/

広告見出し 1 - 広告見出し 2

説明文 1。 説明文 2。

なお、規定はそれぞれ下記となります。

「広告見出し」

文字数：半角 30 文字以内

設定可能個数：3 〜 15 個

「説明文」

文字数：半角 90 文字以内

設定可能個数：2 〜 4 個

記号については、Google ヘルプコミュニケーションを参照元、下記を参考にしてみてください。

Google 広告で使用できる記号一覧

この資料は、日本 11 の AdWords 広告を対象としています。また、こちらは欄助的な資料のため、ヘルブセンターの記載と本賣料に園麟が生じた場合は、ヘルフセンターの情輯が優先されることをご環解ください。

記号	種別	全角使用可否	半角使用可否	備考
漢字、ひらがな カタカナ (kanzi. hiragana. katakana)	–	○	✖	半角カタカナは不可
英数字 (English character)	–	○	○	①②、Ⅲ、ⅲなどは使用不可
、。	句読点	○	–	英語内の句読点使用も可 連続使用など不適切な使用は不可
,.	カンマ ピリオド	–	○	日本語内のカンマ / ピリオドの使用も可能 連続使用など不適切な使用は不可
!	感嘆符	○	○	見出し不可 / 広告テキスト 1 つまで ?! や !? は同じ記号の連続ではないので、意味のある使用に限り承認可
? / ?	疑問符			? ? などの連続使用は不可 ?! や !? は同じ記号の連続ではないので、意味のある使用に限り承認可
“” ‘’	ダブル コーテーション シングル コーテーション	○	○	語句や名詞を区切るために使用 ※タイトルにおいて、他に語句がなく区切る必要がない場合は不承認とする。テキストは行は区切り使用であれば承認できる
%	パーセント 記号	○	○	パーセンテージの表示に使用
&	アンド記号	○	○	「と」という意味で使用
#	シャープ 番号、記号	○	○	
/	スラッシュ	○	○	日付、区別、分数表示
:	コロン	○	○	時間表記、語句に説明をつける際に使用

記号	種別	全角使用可否	半角使用可否	備考
-	ハイフン	○	○	～の代わりとして「から」という表現に使用
()	括弧	○	○	略語表記、補足として使用
<> [] 【】「」 ［］『』 «» 《》	括弧	○	✖	
$	ドル記号	－	○	通貨記号としての使用
¥	円マーク （全角）	○	✖	通貨記号としての使用 半角は使用不可
・	中黒 （中点）	○	✖	区別・区分表示
…	省略記号	○	○	
～	から	○	－	
~, ～	チルダ	○	○	
Ⓡ™	商標記号	○	✖	商標用語としての使用
⇒→←⇐	矢印	✖	✖	

Google 広告ヘルプ、Google 広告で使用できる記号一覧、
https://support.google.com/google-ads/thread/4844476/

なお、広告は複数設定することが可能です。複数パターン設定し、どのテキストが有効かなど見極めることで、いわゆる AB テストが可能です。

◉キーワード

リスティング広告におけるキーワードとは、ユーザーを引っ掛ける網のようなものです。

設定するキーワードによって効果が変わってきますので、よく考えて設定してみましょう。

まず、キーワードの分類について、いくつか説明します。

・ビッグワード

ビッグワードとは、検索ボリュームが多いキーワードのことを言います。例えば、「お金」や「スポーツ」など 1 語のワードであり、また多くの人が検索しそうなワードのことを指します。

検索ボリュームが多い分、競合他社とバッティングしてしまい、入札単価が引き上がる可能性があります。また、1語ですと、情報が少ないため、色んな解釈で検索しているユーザーがいるため、自社の商品に関連度の低いユーザーにも広告が出てしまう可能性もあります。

・スモールワード

ビッグワードと反対に、検索ボリュームが少ないキーワードのことを言います。

「お金 増やす 方法　簡単に 誰でも」など、複数語で並べているワード（ロングテールワードとも言います）や、そもそもあまり検索されないニッチなワードを指します。

母数である検索数が少ないため、広告表示が少なる傾向ですが、競合他社が少ないため、入札単価が安く、掲載順位も高く掲載できる可能性があります。

・指名系キーワード

指名系キーワードとは、「トヨタ」や「プリウス」など、企業名や商品名など固有名詞を指します。

指名系キーワードで検索しているということは、そもそも自社のことを既に知っていて検索しているため、購買意欲が高いユーザーといえます。

認知度が無いと難しいですが、自社への検索を取りこぼさないという意味で設定することのメリットがあります。

・一般系キーワード

一般系キーワードは、「車」や「スポーツカー」など、固有名詞ではない一般的なキーワードとなります。

指名キーワードと違って、多くのユーザーに検索される一方で、競合他社とバッティングするため、注意が必要です。

◉マッチタイプ

キーワードの設定において、マッチタイプという機能があります。これは、検索キーワードに対して、どこまでユーザーの検索クエリに対して、広げて広告掲載をするかを決める設定のことです。

なお、我々が管理画面で設定するワードをそのまま「キーワード」と呼び、ユーザー側が検索するワードのことを「検索クエリ」または「検索語句」と呼びます。

主に3種類のマッチタイプがありますが、ここで「WEB アプリ おすすめ」というキーワードを例にして比べてみましょう。

①：インテントマッチ（旧：部分一致）

インテントマッチは、媒体の解釈次第で関連度があると思われた検索クエリに対して広告を表示します。

検索キーワード：「WEB アプリ おすすめ」
広告が表示される検索クエリ：**「モバイルアプリ 楽しい」、「WEB アプリ すごい」など**

キーワードを記号を付けずにそのまま設定することでインテントマッチとなります。

Google 推奨のマッチタイプになりますが、広い範囲に配信されるため、意図しない検索や関連度の低い検索にも反応してしまうため、注意が必要です。

②：フレーズ一致

設定したキーワードを含んだ検索に対して、広告表示させるマッチタイプとなります。

つまり、キーワードの前後に別の語句が入っていても広告表示されます。

検索キーワード：「WEB アプリ おすすめ」
広告が表示される検索クエリ：**「WEB アプリ おすすめ ゲーム」、「ゲーム WEB アプリ おすすめ」など**

"WEB アプリ おすすめ" と、" " で囲むことで、フレーズ一致として設定できます。

インテントマッチほど拡張させたくはないが、関連性のある検索のみに広告表示させたい場合にオススメです。

③：完全一致

設定したキーワードと全く同じ、もしくは同じ検索意図の場合のみ、広告表示されるマッチタイプとなります。

検索キーワード：「WEB アプリ おすすめ」
広告が表示される検索クエリ：**「WEB アプリ おすすめ」**

[WEB アプリ おすすめ] と、[ ] で囲むことで、フレーズ一致として設定できます。

指名キーワードなど、確実に狙いたいワードで調べているユーザーに表示することができます。

◉除外キーワード

通常のキーワード設定は、狙いたい相手に配信するものですが、逆に狙いたくない検索語句を除外することができます。

特にインテントマッチは、関連性の低い語句にも広がって配信される可能性が高いため、特にこの除外キーワード設定が重要となってきます。

◉広告表示オプション

広告表示オプションとは、広告文の下部分に追加のオプション（テキストやリンク、住所、電話番号など）を表示できる機能になります。

代表的な４つをご紹介させていただきます。

・サイトリンク

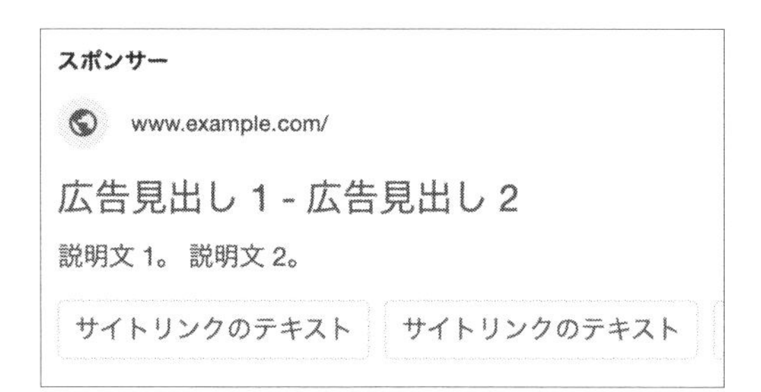

広告の下にリンクを追加できるオプションとなり、自社サイト内の特定のページを設定することができます。

・コールアウト

広告の下に、短い文章を追加して、広告文を補足・強調するためのオプションとなります。

・構造化スニペット

スポンサー

www.example.com/

広告見出し 1 - 広告見出し 2

説明文 1。 説明文 2。 ヘッダー: 値 1, 値 2, 値 3.

広告の下に、製品やサービスのカテゴリとそれに関連する情報を記載するオプションとなります。

・電話番号

スポンサー

www.example.com/

広告見出し 1 - 広告見出し 2

説明文 1。 説明文 2。

電話: 電話番号

広告の下に、企業や店舗の電話番号を入れるオプションとなります。実際に広告経由で通話発生した場合に、コンバージョンとして計測することもできます。

◉広告設定方法

　では実際に Google 検索広告の設定方法をご説明しましょう。

・アカウント内の画面説明

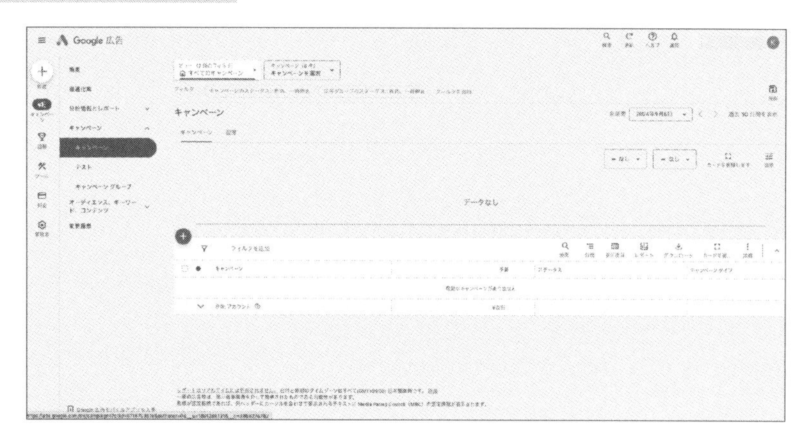

　アカウント内の見方を説明してきます。
　まず左端のタブで、主に機能が切り替えられます。

・キャンペーン

　こちらで広告配信の設定を行います。

・目標

　コンバージョン計測のためのタグ発行などを行う箇所になります。

・ツール

　リターゲティングの設定など、データを用いたツール設定などが可能です。

・料金

　クレジットカードなどの支払いの設定や料金明細が確認できる箇所とな

ります。

・管理者

このアカウントにアクセスのできるユーザーの権限を編集できます。

◉キャンペーン作成中

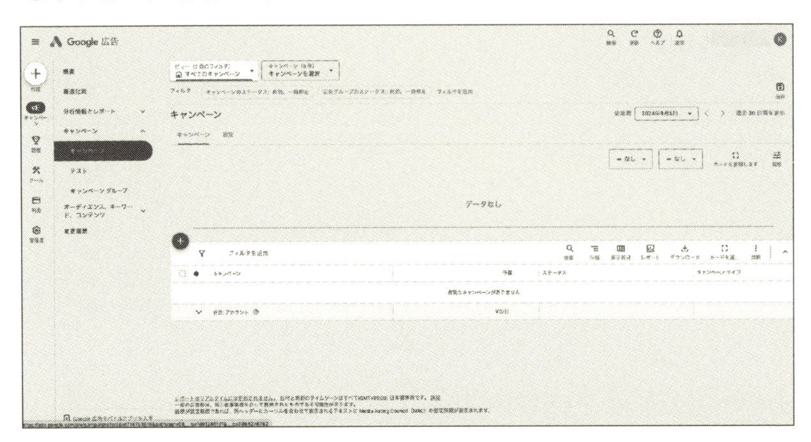

まず、キャンペーンの画面より、青い＋（プラス）ボタンを押しましょう。

このボタンがキャンペーン作成を始めるボタンになります。

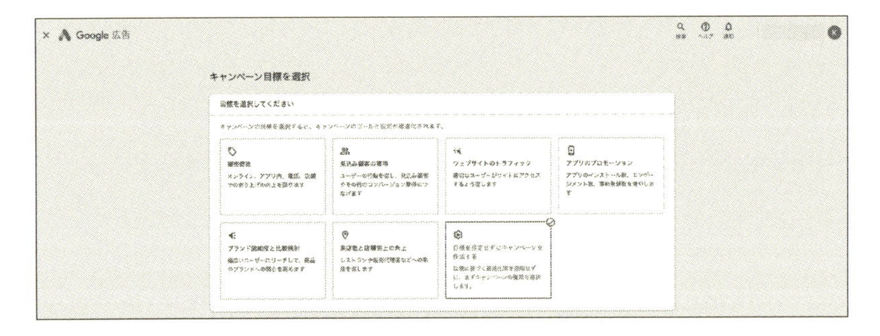

キャンペーン作成画面の最初で、まず広告を通して達成したい目標を選択します。

こちらは、明確な目標が無い、という選択も可能です。

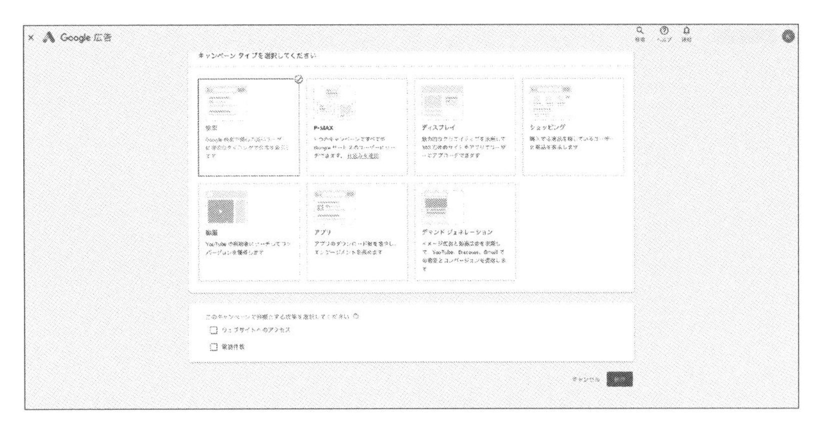

その下の画面で、キャンペーンタイプを選択します。

リスティング広告ですので、「検索」を選択しましょう。

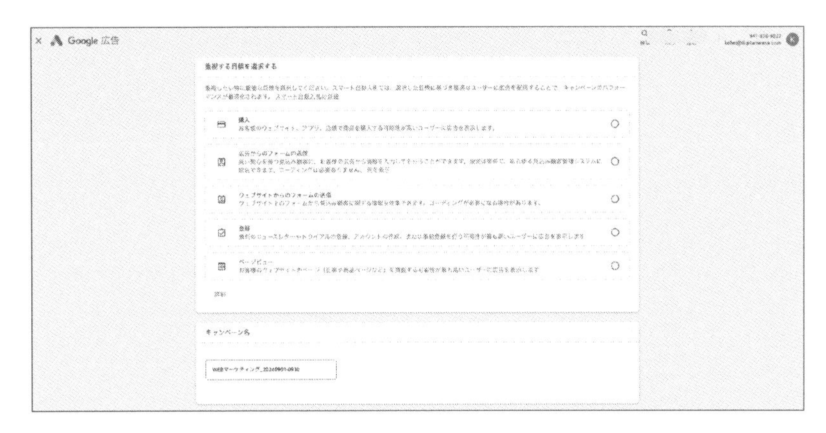

次に重視する目標を選択します。

購入なのか、フォーム送信なのか、実際にユーザー側に動作して欲しい内容を選びます。

その下の部分で、キャンペーン名を命名して入力しましょう。

次の画面で、単価設定を行います。

先ほどお話しした、目的はクリックなのか、コンバージョンなのか、具体的にここで設定する形になります。

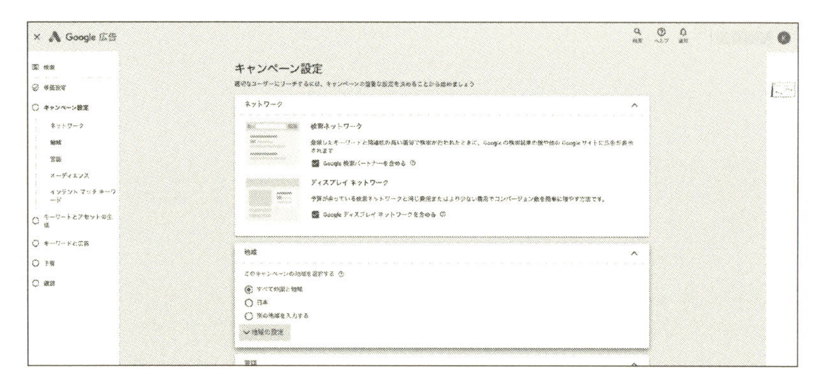

次の画面で、詳細なキャンペーン設定を行います。

まず、配信ネットワークの設定です。

デフォルトでGoogleの検索結果に配信されますが、Googleの提携する検索ネットワークやディスプレイネットワークにも配信することができます。

ディスプレイネットワークは、次の章で説明する、ディスプレイ広告の枠に配信するものになりますので、注意が必要です。

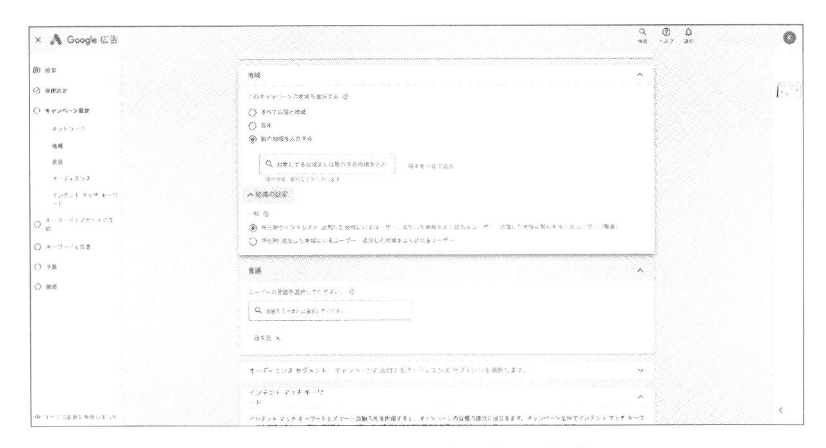

下にスクロールすると、地域と言語の設定になります。

特定の都市を指定することはもちろんのこと、座標を指定して半径○○km という設定も可能です。

言語は日本語指定することがほとんどですが、例えば日本にいる外国人を狙いたい場合は、別の言語を設定することもあります。

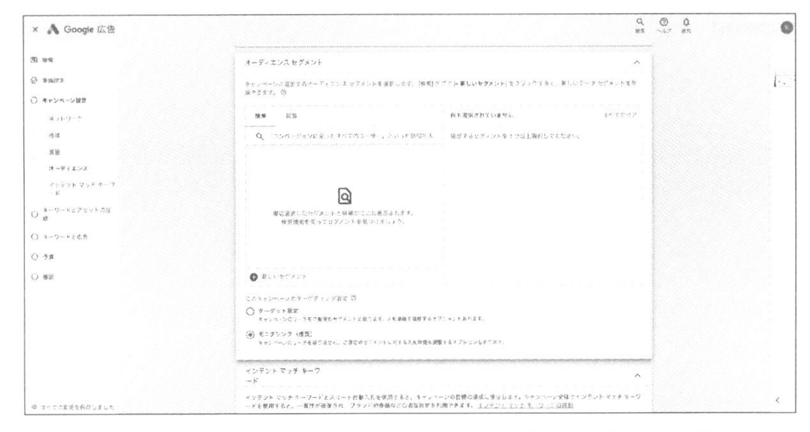

オーディエンスセグメントについては、本来はディスプレイ広告におけるターゲットという形で設定するものになりますので、リスティング広告での設定は推奨していません。

一方で、モニタリング（指定したオーディエンスにどの程度リーチしたかなどをモニタリングする）機能については、オススメです。

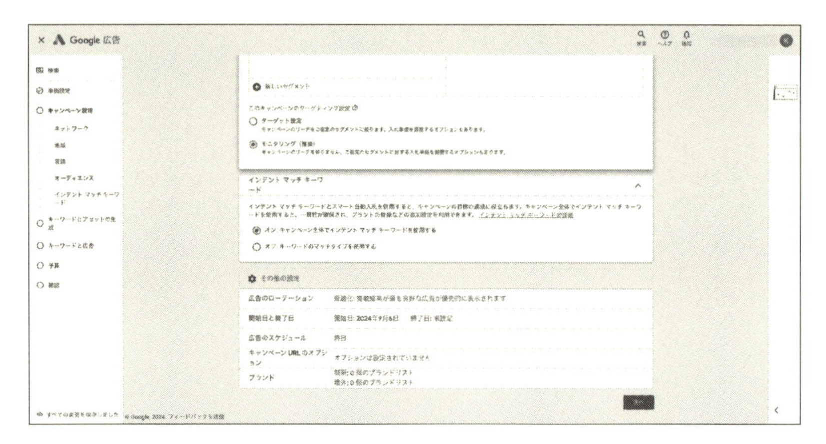

分かりづらく隠れていますが、その他の設定という箇所で、掲載期間を設定することが可能です。

なお、掲載開始日は設定した後に変更ができませんので、気をつけましょう。

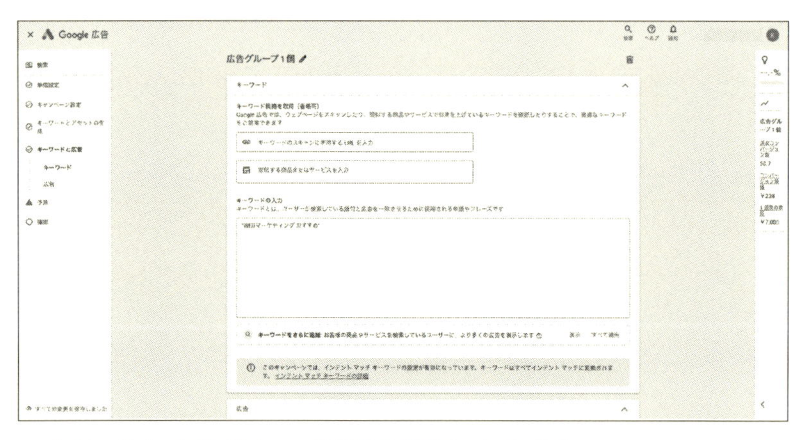

さあ、次に広告グループ階層の設定になります。

キーワードを設定しましょう。複数入力する場合は、改行して縦に羅列しましょう。

インテントマッチはそのままキーワードを入力、フレーズ一致は "" で囲み、完全一致は「」で囲んで、入力しましょう。

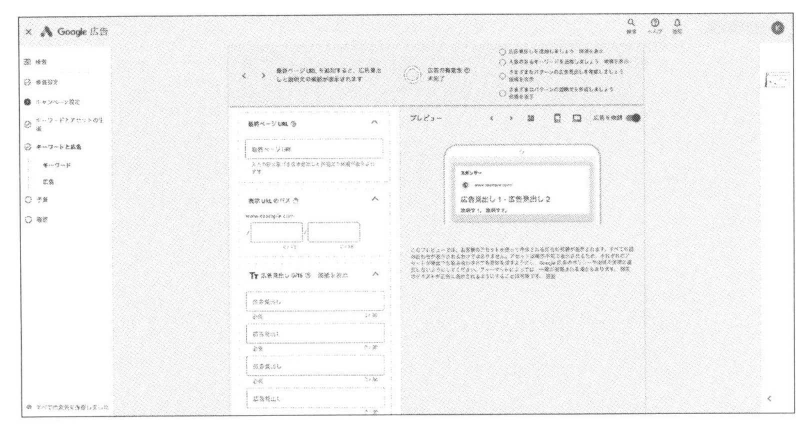

次に配信する広告の設定になります。

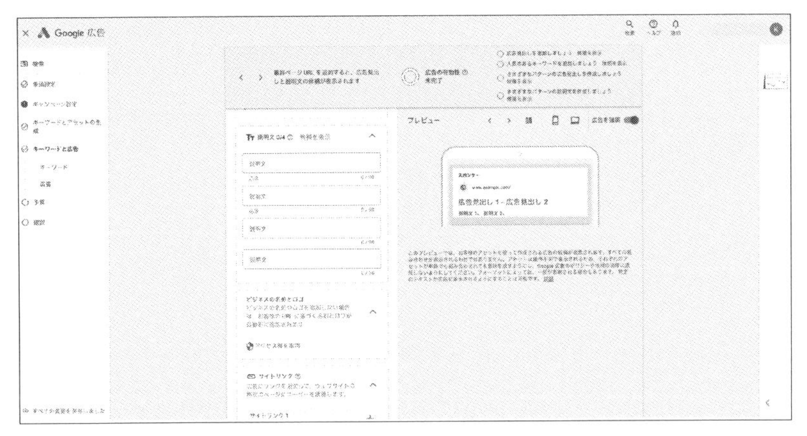

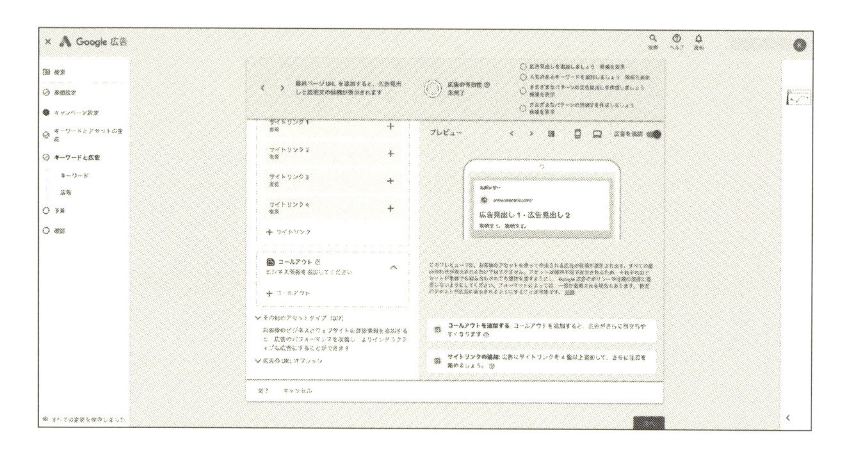

URL、パス（表示 URL の末尾に追加できるテキスト）、広告見出し、説明文など設定を行っていきます。

入力していくことで、文字数オーバーなのかどうかを確認することができます。

また、広告表示オプション（サイトリンク、コールアウト）の設定もこちらで可能です。

次の画面で、予算の設定を行います。

1 日あたりの予算設定をこちらで行います。

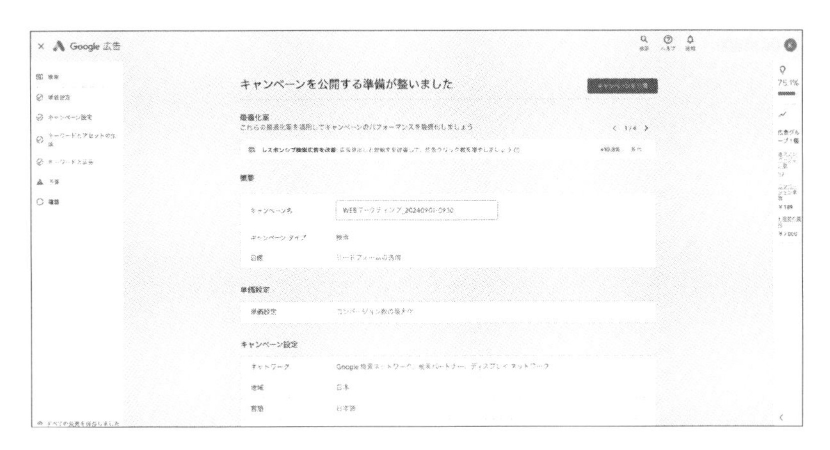

最後に、今まで設定した内容のレビューを行います。

設定の不備がある場合は、この画面でアラートが出るので、指示通りに修正しましょう。

何もエラーが無ければ、右上にキャンペーン公開ボタンを押して完了となります。

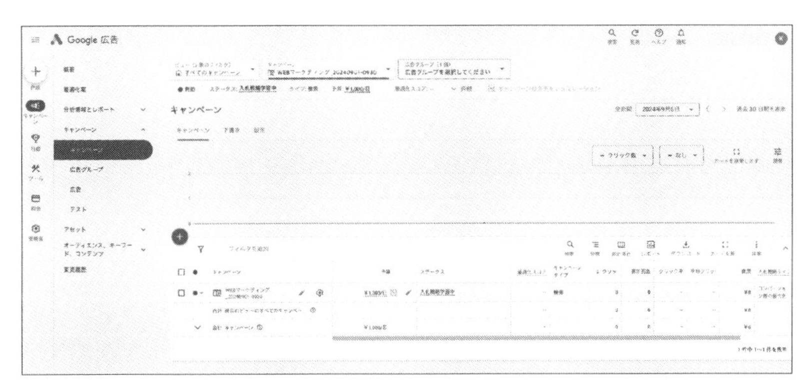

作成したキャンペーンは、画面のような形で表示されます。

オン状態にしていると配信されるので、まだ配信したくない場合はオフにしましょう。

Google ディスプレイ

◉概要

それでは、ディスプレイ広告の概要を説明します。

指定したターゲットに当てはまるユーザーがサイトを閲覧した際に、画像（バナー）広告が表示されるものになります。

前の章でご説明をしましたが、複数のサイトに横断的に広告を掲載できるアドネットワークとも呼ばれ、限られた予算で多くのサイトに露出できるメリットがあります。

このディスプレイ広告の中で、最も有名なのが今回説明する、Google のディスプレイ広告（GDA：旧 GDN）になります。

◉掲載面

中々説明が難しいところですが、提携しているサイトに配信されるため、特にどういったサイトに出やすいなどはありません。

WEB サイトをはじめ、Google の持つ YouTube や Gmail にも配信がなされます。

◉広告フォーマット

言わずもがなですが、画像（バナー）となります。またフォーマットは 2 種に分かれています。

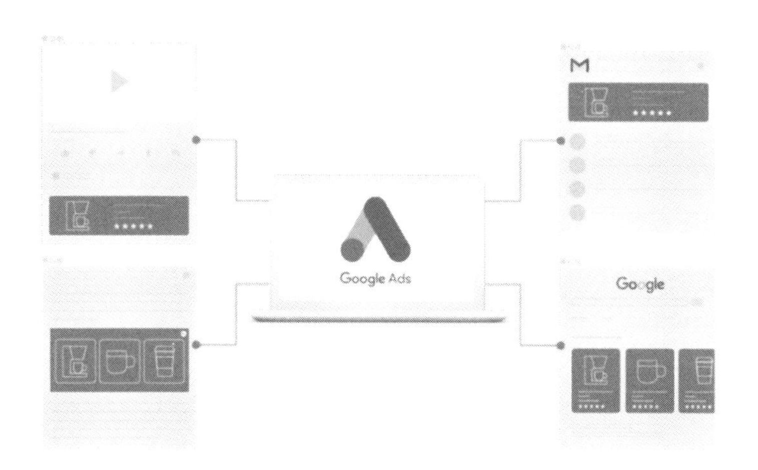

サイズ	GDN	
	PC	SP
300 × 250	●	●
336 × 280	●	●
728 × 90	●	
160 × 600	●	
468 × 60	●	
320 × 50		●
320 × 100		●
200 × 200	●	●
240 × 400	●	
250 × 250	●	●
250 × 360	●	
580 × 400	●	
120 × 600	●	
300 × 600	●	
300 × 1050	●	
930 × 180	●	
970 × 90	●	
970 × 250	●	
980 × 120	●	

・通常バナー

こちらは、画像とURLのみを設定して配信するものになります。

テキストなど併記されないため、画像内に説明や補足をいれる必要があります。

また多様なサイズを入稿することが可能です。

最大ファイル容量：5120KB以内
ファイル形式：JPG、PNG、GIF

・レスポンシブバナー

こちらは、画像とURLに加えて、テキストを設定することができます。あらゆる広告枠に、いわゆるレスポンシブに掲載が可能な広告です。

タイプ	サイズ	数量
画像（横長）	1200 × 628	1 ～ 15 枚
画像（正方形）	1200 × 1200 と 300 × 300	1 ～ 15 枚
ロゴ	180 × 180	1 ～ 5 枚

タイプ	最大文字数	数量
広告見出し	30 文字	1 ～ 5 個
長い広告見出し	半角 90 文字（全角 45 文字）	1 個
説明文	半角 90 文字（全角 45 文字）	1 ～ 5 個
ビジネスの名前	半角 25 文字（全角 12 文字）	1 個
行動を促すフレーズ	自動	1 個

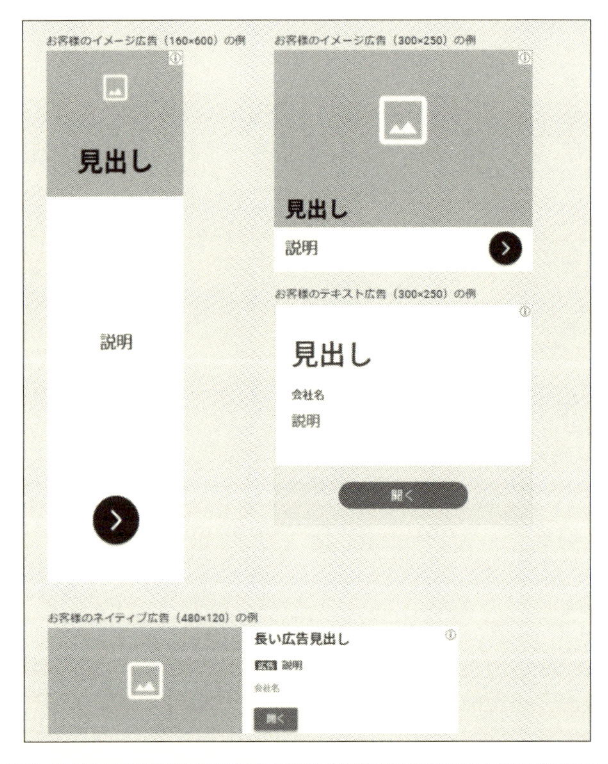

配信イメージ

◉課金形態

リスティング広告と同じく、原則クリック課金（CPC 課金）となります。サイトに表示された広告がクリックされることで料金が発生（課金）される仕組みとなります。

◉アカウント構成

リスティング広告とほぼ変わらない形になります。

広告アカウントの中に、大きく分けて、

・キャンペーン
・広告グループ
・広告

の 3 階層に分かれます。

リスティング広告と異なる点は、キーワードの設定がありません。

◉キャンペーン

アカウント構成の最上位階層となり、下記の設定が可能です。

キャンペーン名、配信スケジュール設定、1 日あたりの広告予算、地域設定、入札戦略など、リスティング広告への説明と同じになります。

◉広告グループ

この広告グループでは、下記の設定が可能です。

・性別 / 年齢 / 世帯年収

ユーザーの性別 / 年齢 / 世帯年収の絞り込みが可能です。

・入札単価

広告グループレベルで、入札単価を設定することが可能です。

・オーディエンスセグメント

ディスプレイ広告における醍醐味であり、最も重要な設定です。

設定できるオーディエンスは下記となります。

オーディエンス名	説明
コンテンツターゲット	特定のキーワード（コンテンツ）を持つウェブページをターゲティング
アフィニティカテゴリ 購買意欲の強いユーザー層	特定の分野への興味関心や購買欲の高いユーザーへターゲティング
リマーケティング	指定のサイトに訪れたユーザーに配信できる
トピックターゲット	特定のトピックに関連するウェブページに配信できる
プレースメントターゲット	広告を出したい任意のウェブページや動画、アプリを指定して配信できる

◉広告バナー

広告は一つだけでなく、複数設定可能です。

・キャンペーン作成方法

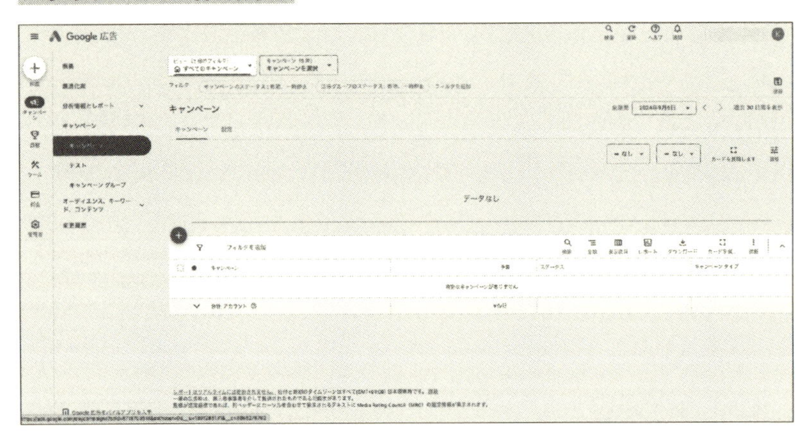

まず、リスティング広告と同じく、キャンペーンの画面より、青い＋（プラス）ボタンを押しましょう。

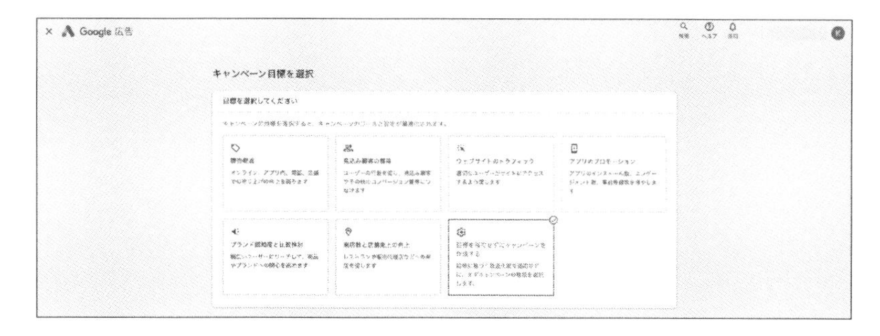

キャンペーン作成画面の最初で、まず広告を通して達成したい目標を選択します。

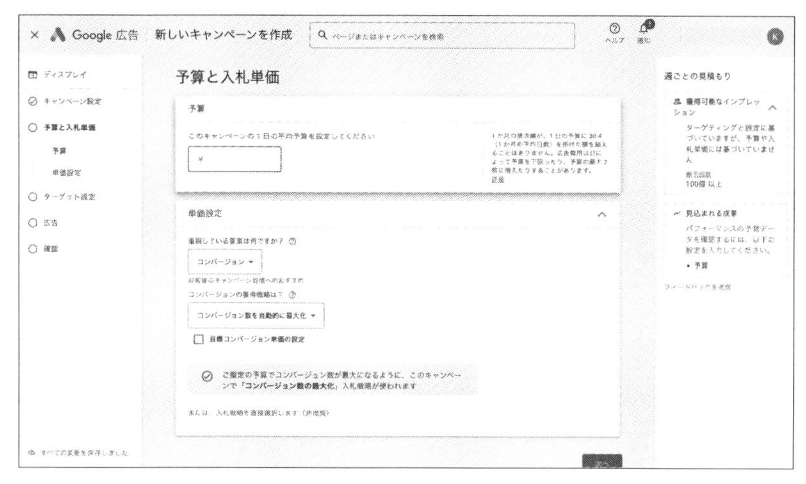

次に１日あたりの予算と単価設定（入札戦略）を設定します。

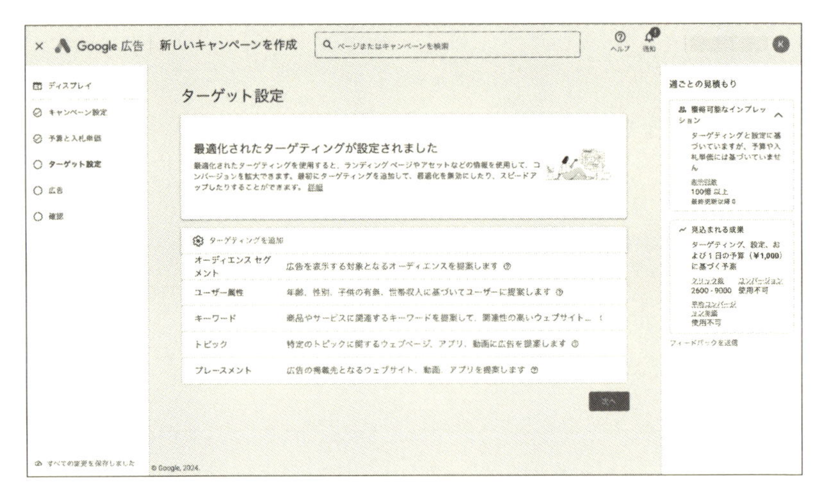

次のページで、ディスプレイ広告で最も重要なオーディエンスの設定ができます。

それぞれのタブを開くと、丁寧に説明の記載があり、またカテゴリー覧があるため、そこから選択も可能です。

そして、最後に広告バナーの設定を行います。

デフォルトでは、レスポンシブ広告の設定画面となりますが、「変化」という青字を押すことで、通常バナー広告の設定画面に切り替えることができます。

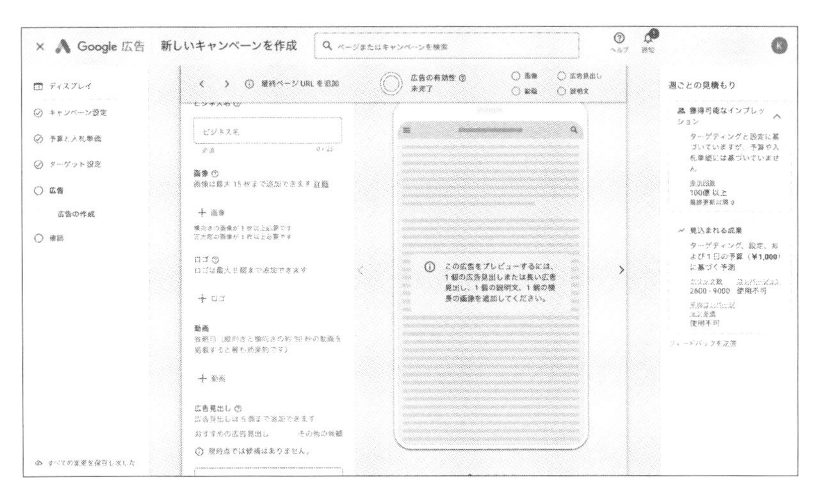

画像をはじめ、URL、見出し、説明文など設定を行っていきます。

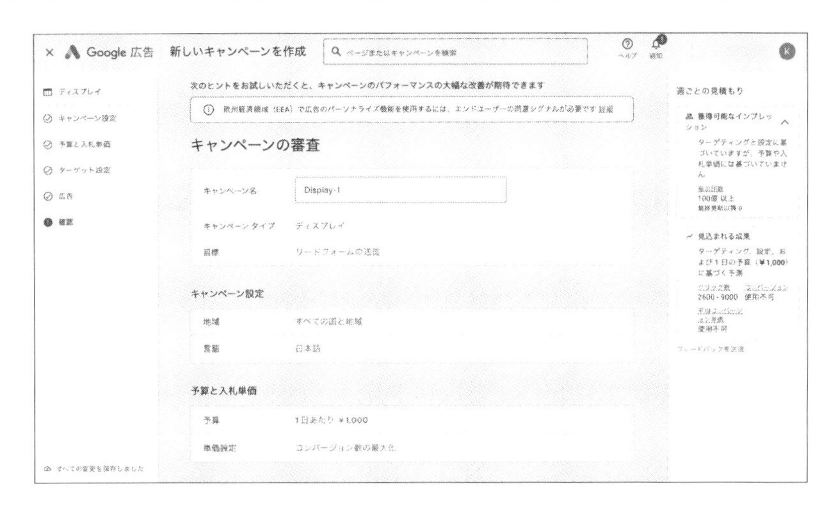

最後に、レビュー画面に遷移し、何も不備がなければ、キャンペーン公開ボタンを押して、設定完了になります。

P-Max 広告

◉概要

　Google 広告で最後に説明するメニューは P-Max 広告になります。
P-Max 広告は、Google 広告のメニューの中では新しいものになります。

　P-Max とは、Performance Max の略で、Google の持つすべての広告枠に配信することができ、名前の通りパフォーマンスを MAX にさせるメニューとなります。

　また、ユーザー側での設定もありますが、ほとんど自動化させ、媒体側での最適化を目的としたメニューになっています。

◉掲載面

　前述の通り、Google 広告の持つすべての広告枠に配信することができます。

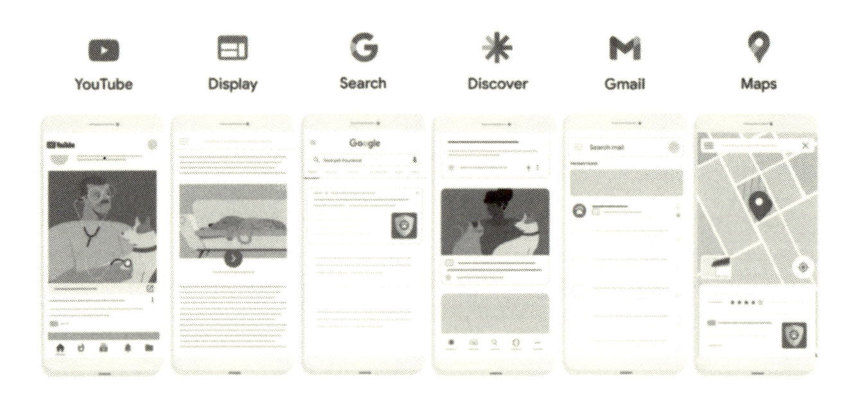

Google 広告公式ブログ、
https://blog.google/products/ads-commerce/performance-max/

・Google 検索
・Google ショッピング
・Google ディスプレイ
・YouTube
・Discover
・Gmail
・Google マップ

すべての広告枠への配信ができますが、均等に配信されるわけではなく、検索広告面に多く配信されると言われています。

◉広告フォーマット

すべての広告枠への配信のため、様々な素材が必要ではありますが、必須で必要なのは画像とテキストになります。

規定

タイプ	サイズ	数量
画像（横長）	1200 × 628	1 ～ 15 枚
画像（正方形）	1200 × 1200 と 300 × 300	1 ～ 15 枚
ロゴ	180 × 180	1 ～ 5 枚

タイプ	最大文字数	数量
広告見出し	30 文字	1 ～ 5 個
長い広告見出し	半角 90 文字（全角 45 文字）	1 ～ 5 個
説明文	半角 60 文字（全角 30 文字）	1 個
	半角 90 文字（全角 45 文字）	1 ～ 4 個
ビジネスの名前	半角 25 文字（全角 12 文字）	1 個
行動を促すフレーズ	自動	1 個

YouTube 面への配信ということもあり、動画素材のアップロードも推奨していますが、必須ではありません。

ただ、動画素材を入稿しなかった場合は、入稿した画像素材とテキストによって自動生成されたスライドショー動画が、YouTube 面へ配信されます。

◉課金形態

リスティング広告やディスプレイ広告と同じく、原則クリック課金（CPC 課金）となります。サイトに表示された広告がクリックされることで料金が発生（課金）される仕組みとなります。

◉アカウント構成

他の Google 広告メニューとは異なり、

・キャンペーン

・アセットグループ

の 2 つに分かれます。

◉キャンペーン

アカウント構成の最上位階層となり、下記の設定が可能です。

・入札単価

・地域

・言語

・広告配信スケジュール

・予算

◉アセットグループ

- 最終ページ URL
- 画像
- ロゴ
- 動画（任意）
- テキスト

・キャンペーン作成方法

まず、リスティング・ディスプレイ広告と同じく、キャンペーンの画面より、青い＋（プラス）ボタンを押しましょう。

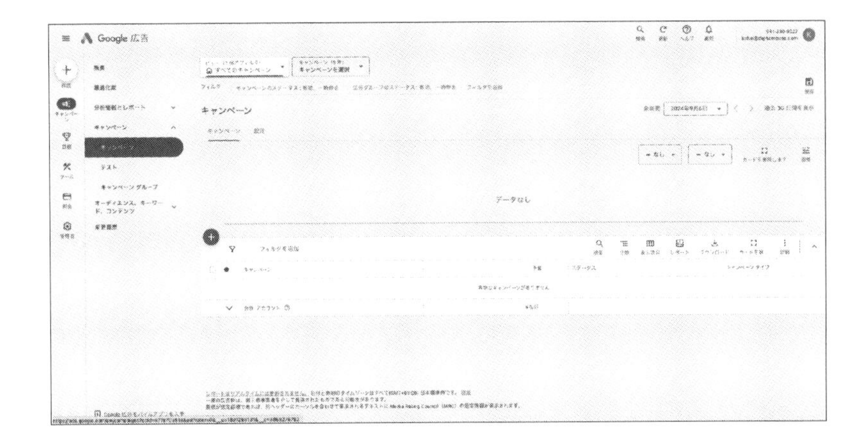

キャンペーン作成画面の最初で、まず広告を通して達成したい目標を選択します。

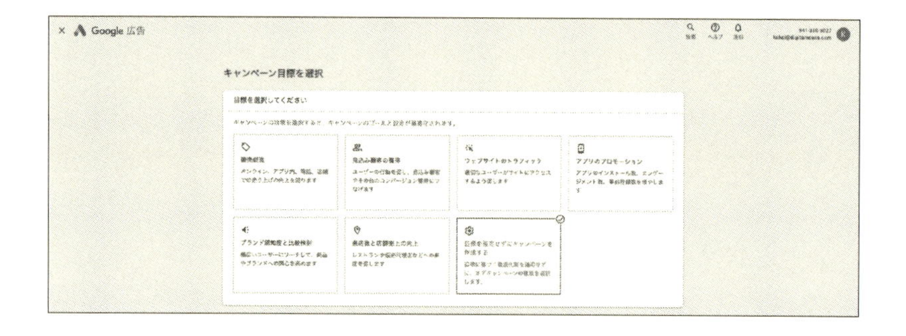

その下の画面で、キャンペーンタイプを選択します。

「P-MAX」を選択しましょう。

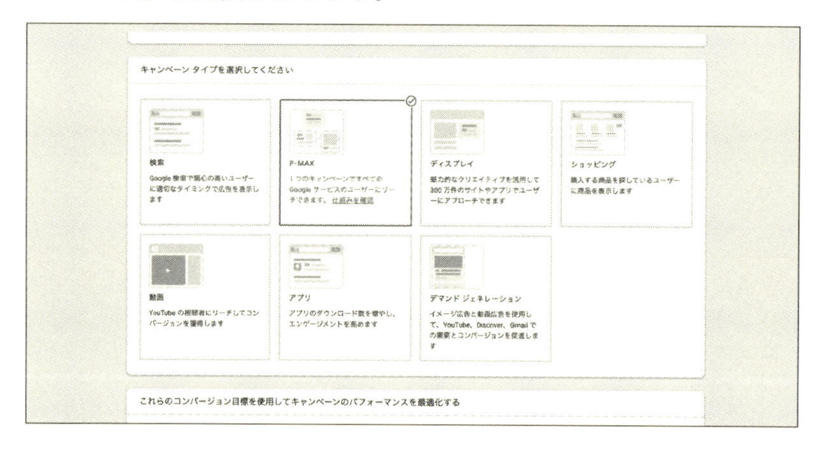

一番下の箇所で、キャンペーン名を入力します。

次の画面に移り、まず単価設定を行います。

選べる目的は、「コンバージョン」と「コンバージョン値」になります。任意で目標コンバージョン単価も設定可能です。

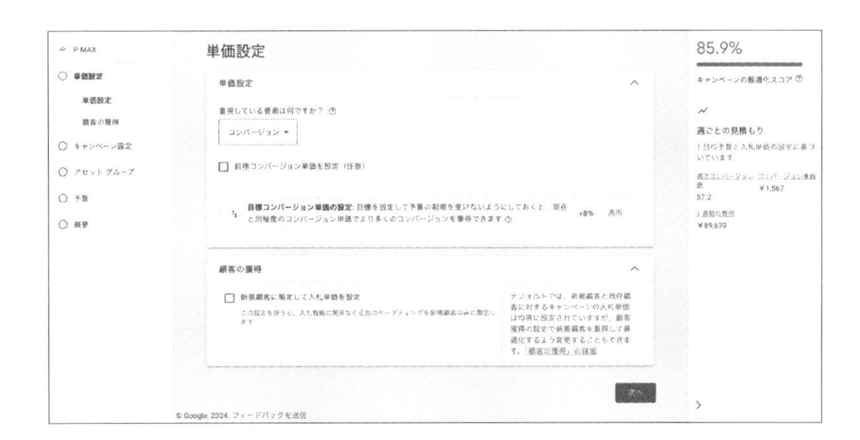

次の画面で、地域／言語／広告スケジュールの設定を行います。

次の画面でアセットグループの設定に移ります。

右側のプレビュー画面で、それぞれの広告枠に配信された際のイメージが分かります。

下にスクロールすると、シグナルという設定ができます。

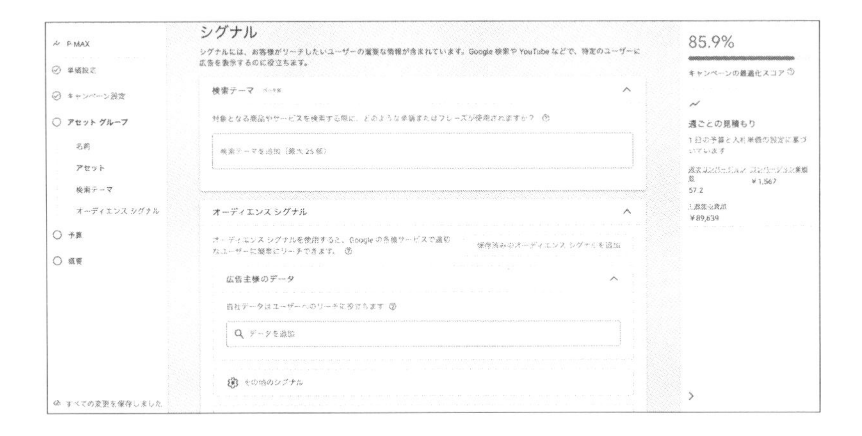

厳密にはターゲティング機能ではないのですが、リーチしたいユーザー情報を設定するという機能になります。

・検索テーマ

キーワードを設定し、Google の検索データに基づいて、コンバージョンに至る可能性が高いユーザーが検知されます。

・オーディエンスシグナル

リターゲティングリスト、CV リストなど、データリストを設定し、近しいユーザーが検知されます。

次の画面で１日あたりの予算設定を行います。
通算予算設定はできません。

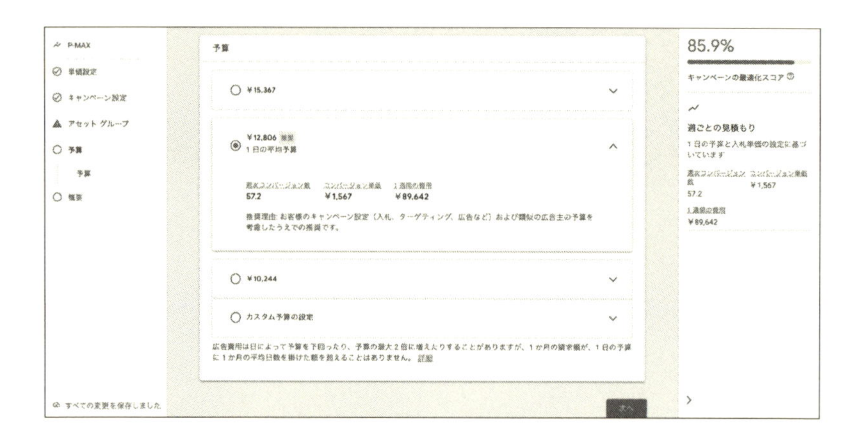

最後に、プレビュー画面に遷移し、何も不備がなければ、キャンペーン公開ボタンを押して、設定完了になります。

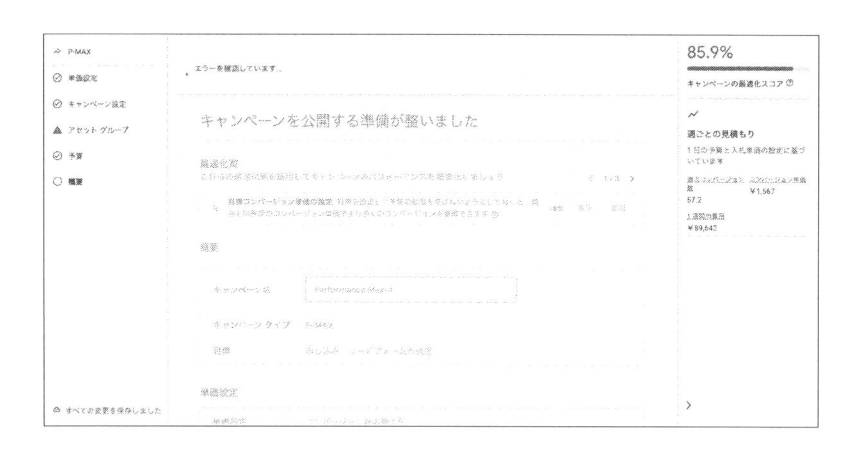

YouTube（動画）広告

◉概要

次に説明するメニューは YouTube（動画）広告になります。

YouTube 広告はその名の通り、動画共有サイトの YouTube を掲載面とした動画広告となります。

◉掲載面

YouTube 広告には、大きく分けて２つの掲載面があります。

・インストリーム広告

動画コンテンツを視聴前、視聴中、視聴後に、動画枠内で配信される広告。なお、インストリーム広告は主に 3 種類に分かれます。

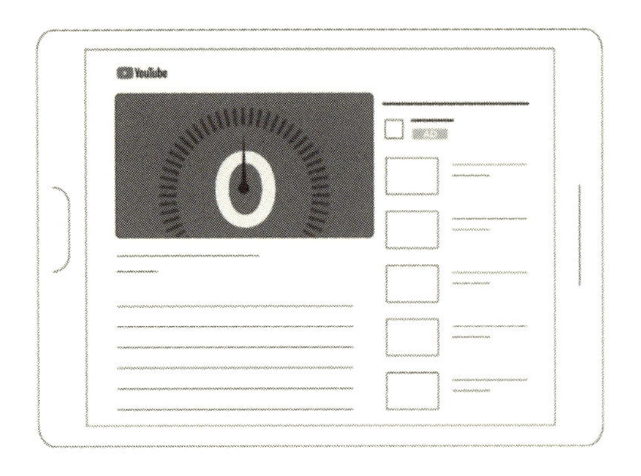

①スキップ可能なインストリーム広告

5 秒間動画広告が流れた後に、「スキップボタン」が表示され、ユーザー側は広告をスキップすることが可能です。

②スキップ不可なインストリーム広告

①と反対に、スキップができない動画広告となります。例外として、ブラウザの「戻る」ボタンや「閉じる」ボタンを押すと強制終了できます。

③バンパー広告

6 秒間のスキップできない短尺の動画広告となります。6 秒間と短いため、メッセージを完結に詰め込む必要がありますが、ブランド認知やリーチに適しています。

・インフィード広告

検索結果の一覧、動画右横の関連動画欄に表示される広告。動画のサムネイルとテキストが表示されます。

◉広告フォーマット

言わずもがなですが、動画となります。

他のメニューと異なる点として、設定をする際に、管理画面に動画ファイルを直接入稿する形ではなく、あらかじめ YouTube チャンネルにアップロードした上で、その動画 URL を指定する形になります。

入稿規定は下記となります。

・YouTube の動画 URL
・リンク先 URL
・行動を促すフレーズ（任意）　半角 10 文字以内
・広告見出し（任意）　半角 15 文字以内

◉課金形態

基本的は、CPV 課金（動画視聴がなされたら課金）となります。
正確には広告 30 秒以上再生される（30 秒未満の動画はすべて再生される）

か、動画がクリックされた場合に費用が発生します。

ただし、スキップできない広告動画フォーマット（バンパー広告を含む）で配信した場合はCPM課金（インプレッション課金）、インフィードで配信した場合はCPC課金（クリック課金）となります。

◉アカウント構成

他のGoogle広告メニューとほぼ変わらない形になります。

広告アカウントの中に、大きく分けて、

・キャンペーン
・広告グループ
・広告

の3階層に分かれます。

◉キャンペーン

アカウント構成の最上位階層となり、下記の設定が可能です。キャンペーン名、配信スケジュール設定、1日あたりの広告予算（Youtubeの場合は全体予算の設定も可）、地域設定、入札戦略など、になります。

◉広告グループ

この広告グループでは、下記の設定が可能です。

・性別 / 年齢 / 世帯年収

ユーザーの性別 / 年齢 / 世帯年収の絞り込みが可能です。

・入札単価

広告グループレベルで、入札単価を設定することが可能です。

・オーディエンスセグメント

ディスプレイ広告とほぼ同じ内容で設定が可能です。

設定できるオーディエンスは下記となります。

オーディエンス名	説明
コンテンツターゲット	特定のキーワード（コンテンツ）を持つウェブページをターゲティング
アフィニティカテゴリ 購買意欲の強いユーザー層	特定の分野への興味関心や購買欲の高いユーザーへターゲティング
リマーケティング	指定のサイトに訪れたユーザーに配信できる
トピックターゲット	特定のトピックに関連するウェブページに配信できる
プレースメントターゲット	広告を出したい任意のウェブページや動画、アプリを指定して配信できる

◉広告

他の広告メニューと同じく、複数設定可能です。まだ広告ごとの数値も比較可能です。

・キャンペーン作成方法

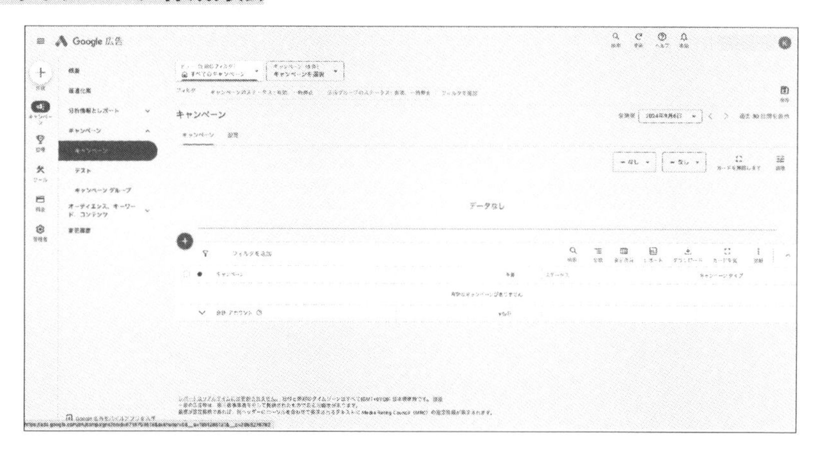

まず、リスティング・ディスプレイ広告と同じく、キャンペーンの画面より、青い＋（プラス）ボタンを押しましょう。

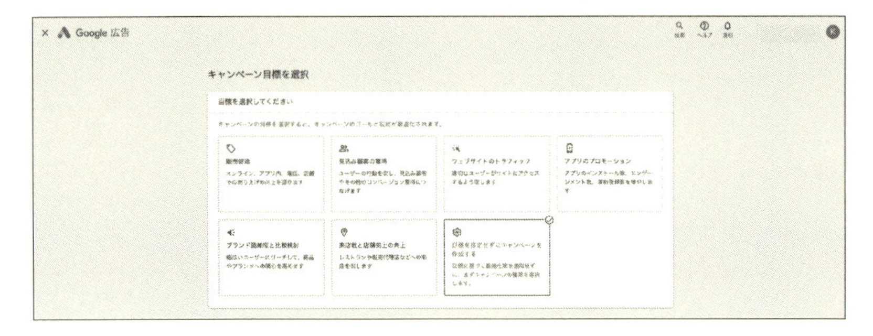

キャンペーン作成画面の最初で、まず広告を通して達成したい目標を選択します。

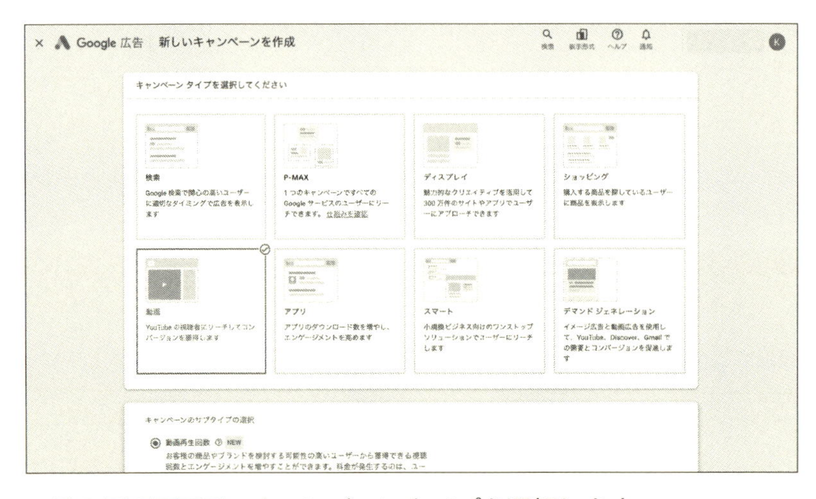

その下の画面で、キャンペーンタイプを選択します。

「動画」を選択しましょう。

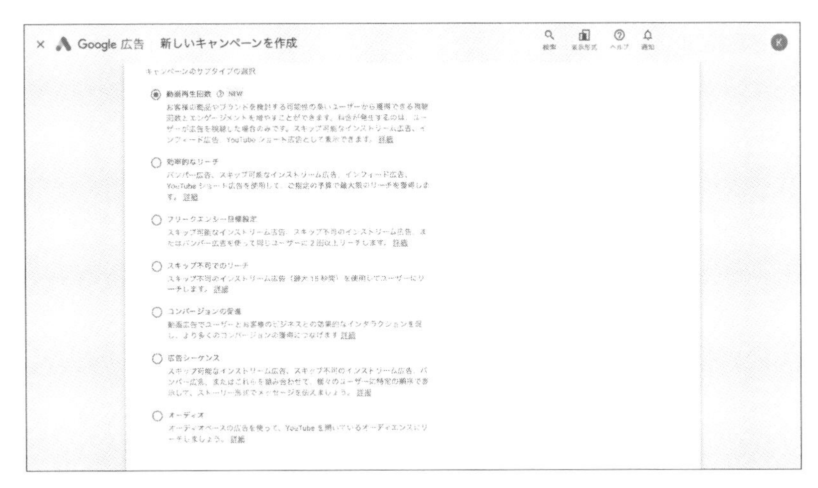

次にキャンペーンのサブタイプを選択します。

配信したい動画フォーマットによって、サブタイプが異なりますので注意しましょう。

今回は、通常の「スキップ可能な動画広告」について説明しますので、「動画再生回数」を選択してみます。

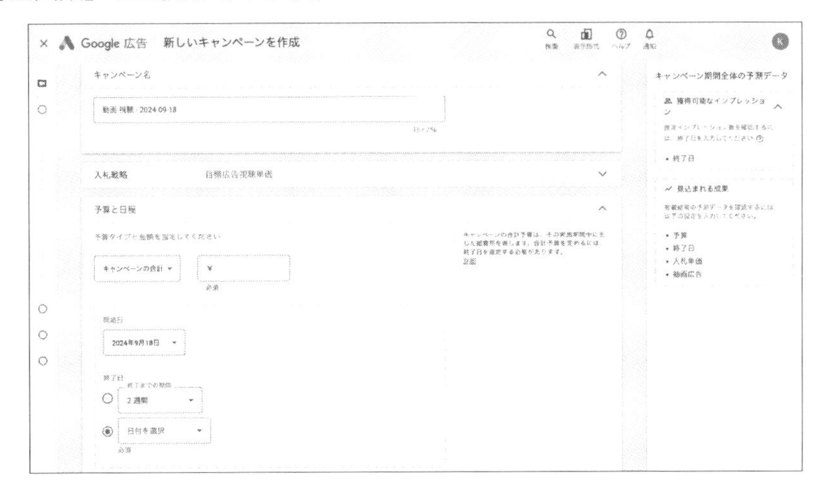

次のページに進むと、まずキャンペーン名を命名して入力します。

その後、予算と配信期間を設定します。

Youtubeについては、「キャンペーンの合計予算」もしくは「1日あたりの予算」の2種類の設定が可能です。

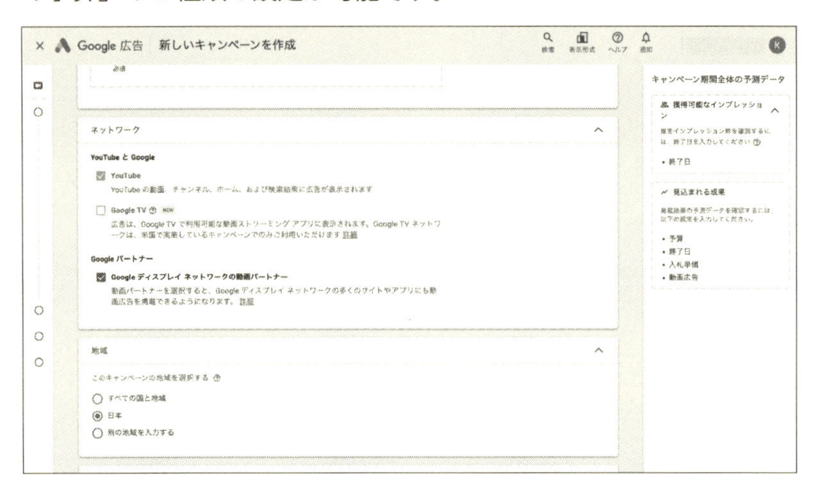

次に配信ネットワークの設定です。基本的にはYoutube面への配信になりますが、Googleディスプレイネットワークへの配信も可能で、チェックマークを付けることで、配信拡大できます。

地域の設定は、他メニューと同様となります。

言語の設定も他メニューと同様になります。

マルチフォーマット動画広告ですが、スキップ可能なインストリーム広告、インフィード動画広告、YouTube ショート広告、など様々な面に表示できるようになるものです。

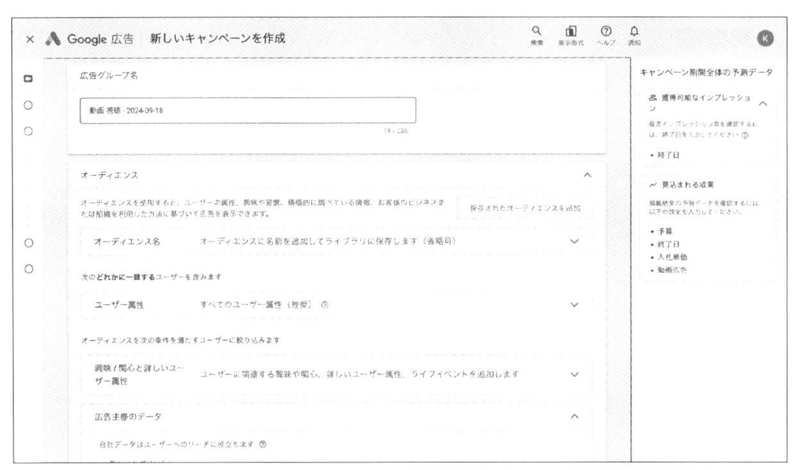

下にスクロールすると、広告グループの設定に移り、オーディエンスの設定ができます。

設定の箇所などは少し変わりますが、基本的にはディスプレイ広告と同じで、それぞれのタブを開いて、詳細に設定していきましょう。

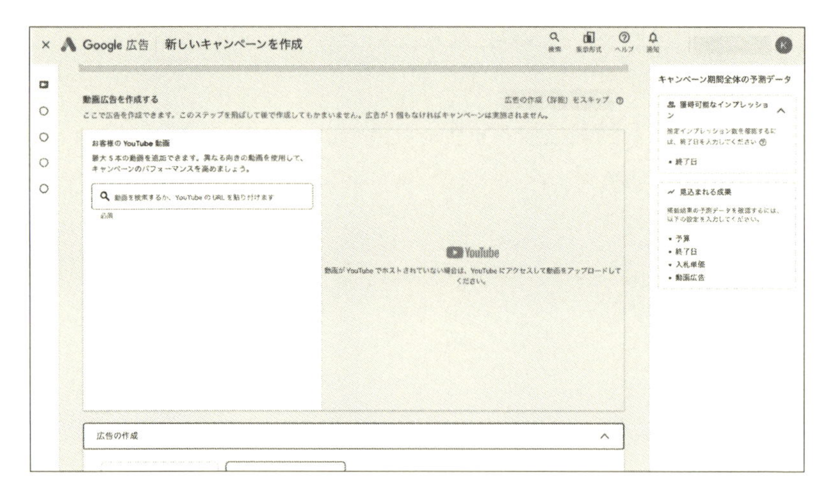

最後に、動画広告の設定になります。

まず、あらかじめ Youtube チャンネルにアップロードした動画の URL を入力して指定しましょう。

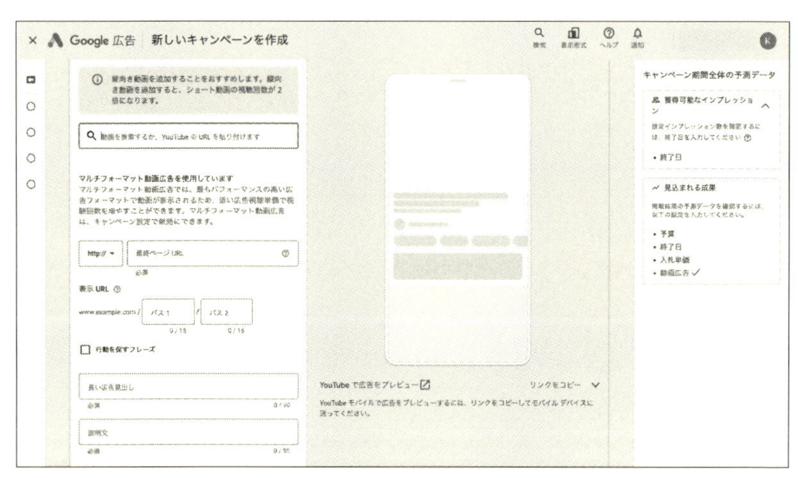

その上で、リンク先 URL を設定しましょう。

任意ですが、下記広告文も設定できます。

- **行動を促すフレーズ（半角 10 文字以内）**
- **広告見出し（半角 15 文字以内）**

また、マルチフォーマット動画広告で設定する場合は、下記広告文も入れる必要があります。

- **長い広告見出し（半角 90 文字以内）**
- **説明文（半角 90 文字以内）**

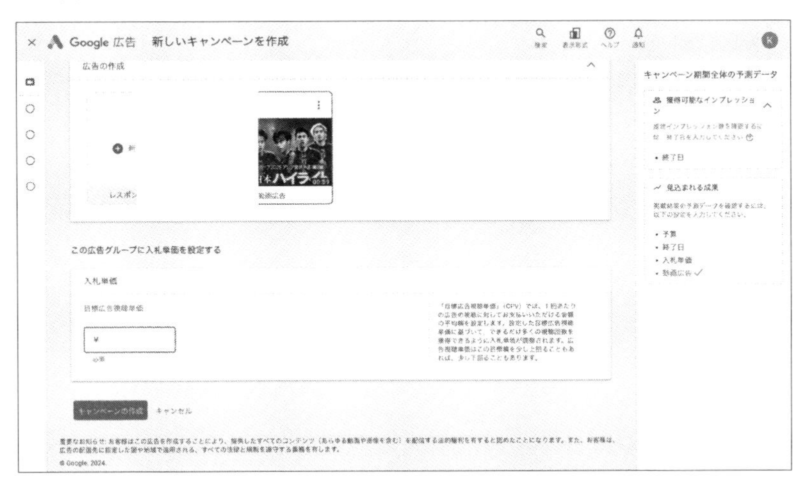

最後に入札単価を入力し、キャンペーン公開ボタンを押せば、設定完了になります。

Yahoo! 広告

Google 広告の次にご説明するのが、Yahoo! 広告になります。

Yahoo! 広告は日本最大級のポータルサイト「Yahoo! JAPAN」に広告配信ができるものになります。

Yahoo! 検索広告と、Yahoo! ディスプレイ広告（YDA）の 2 種に分かれており、メニューや仕様など、微妙に異なる点がありますが、ほぼ同じと考えて頂ければと思います。

異なる点としては、Yahoo! には Youtube のような動画サイトがないため、基本的には動画広告（例外あり）がありません。
※ GYAO はサービス終了。

・Yahoo! 検索

まず、リスティング広告自体の概要は、先述していますので、Yahoo! 検索広告自体について説明していきます。

◉掲載面

Yahoo! JAPAN 及び提携パートナーで、検索行動を行った際に、表示される広告のことを指します。

また、広告表示の部分もYahoo! 検索広告も、左上に「スポンサー」表示されているものが、リスティング広告となります。

◉広告フォーマット

広告フォーマットについては、Yahoo! も Google と同じく、「タイトル・説明文・リンク先の URL の 3 つの要素で構成されています。

https://www.test.jp
タイトル1 - タイトル2 - タイトル3
説明文説明文

◉その他

課金形態（クリック課金）、広告掲載順位や入札価格の決まり方など、Google と同様になります。

◉広告アカウント

続いて、Yahoo! 検索広告の広告アカウントについて説明していきましょう。

まず、Yahoo! 広告の管理画面は、検索とディスプレイで分かれています。

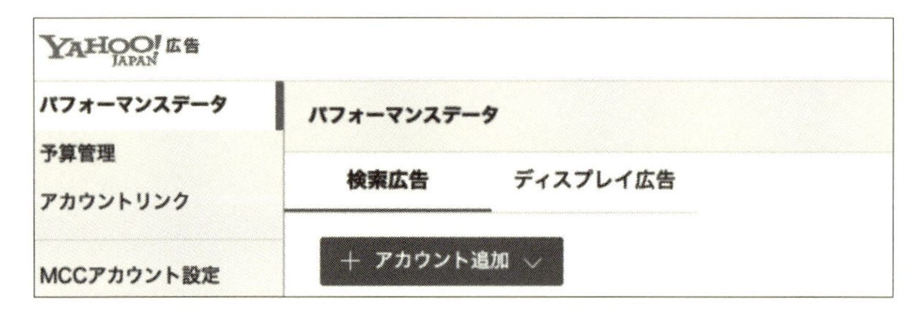

Google ですと、一つの画面で、検索 / ディスプレイ / 動画広告などすべて作成・管理ができますが、Yahoo! では、検索の管理画面とディスプレイの管理画面が分かれています。

その前提の元、まず検索広告のアカウントでは、Google と同じく、

・アカウントへアクセスできるユーザー権限の編集機能

・クレジットカードの登録など請求関連の機能
・コンバージョン計測やリターゲティング設定の機能
などがあります。

また、Yahoo! 広告の「支払い」について注意点ですが、Yahoo! については事前入金方式で、アカウントにあらかじめ資金をチャージする必要があります。

Google 広告はクレジットカードを設定すれば、自動で都度支払いされる形ですが、Yahoo! 広告については、クレジットカードを設定しつつも、先に入金（チャージ）をしておいて、使った分が差し引かれていき、残高が減ってきたら、また入金する形になります。

代理店アカウントなど、請求書支払いを別途契約している場合は、異なります。

◉アカウント構成

こちらも Google と同一の内容で、

・キャンペーン
・広告グループ
・広告 & キーワード
の 3 階層に分かれている点は同じになります。

◉キャンペーン

アカウント構成の最上位階層となり、下記の設定が可能です。
Google と同様の箇所は説明を省きます。

・キャンペーン名

・配信スケジュール設定

広告配信を行う開始日と終了日を設定できます。配信開始後に、終了日は変更できますが、開始日は変更できません。

・1日あたりの広告予算

Googleと同じく、総予算ではなく、1日あたりの広告予算を設定する必要があります。

・地域設定

都道府県～市区町村レベルの地名での選択できますが、Googleのように座標での設定は不可になります。

・入札戦略

入札戦略が、「手動入札」と「自動入札」の2つに分かれる点は同じですが、Googleと少し異なります。

◉手動入札

・個別クリック単価

個別のキーワードそれぞれの入札価格を手動で設定する方法です。

◉自動入札

・クリック数の最大化

1日の予算内でクリックをできるだけ多く獲得できるように入札価格を自動調整します。

・ページ最上部への掲載

検索結果ページの上部に広告が多く表示されるよう、入札単価を自動で調整します。

・目標インプレッション単価

目標とする割合で、検索結果画面に表示されるテキスト広告の中で一番上に表示されるよう自動的に入札価格を調整します。

・コンバージョン数の最大化

１日の予算内でコンバージョンをできるだけ多く獲得できるように入札価格を自動調整します。

・コンバージョン価値の最大化

１日の予算を最大限に使って価値の高いコンバージョンを獲得するように入札価格を自動調整します。

◉広告グループ

Yahoo! 検索広告の広告グループ階層では、下記の設定が可能です。

なお、Yahoo! 検索広告では、オーディエンス / 性別 / 年齢 / 世帯年収の設定は不可となります。

・入札単価

広告グループレベルで、入札単価を設定することが可能です。

・デバイス

PC、スマートフォン、タブレットへ配信可能で、それぞれの入札調整比率も設定可能です。

◉広告

　キャンペーン、広告グループの中にある最下の階層が、広告になります。

https://www.test.jp **タイトル1 - タイトル2 - タイトル3** **説明文説明文**

　なお、規定はそれぞれ下記となります。

「タイトル」
文字数：半角 30 文字以内
設定可能個数：3 ～ 15 個

「説明文」
文字数：半角 90 文字以内
設定可能個数：2 ～ 4 個

　記号については、Yahoo! 広告のヘルプを参照してみてください。
https://ads-help.yahoo-net.jp/s/article/H000044241?language=ja

◉キーワード

　まず、マッチタイプについては、Google と同じ仕組みになります。
　インテントマッチ、フレーズ一致、完全一致の 3 種類となり、概念やルールも同じになります。

◉広告表示オプション

　名称は異なりますが、こちらも Google と同様のものがあります。

　代表的な 4 つをご紹介させていただきます。

❹・クイックリンク

洋菓子なら|ヤフー菓子店公式
広告 yahoo.co.jp/公式通販/
人気の洋菓子を最短でお届け。ご贈答にも最適
マカロン - ロールケーキ - ゼリー詰め合わせ

Yahoo! 広告ヘルプ、広告表示アセットとは、
https://ads-help.yahoo-net.jp/s/article/H000045056?language=ja

広告の下にリンクを追加できるオプションとなり、自社サイト内の特定のページを設定することができます。

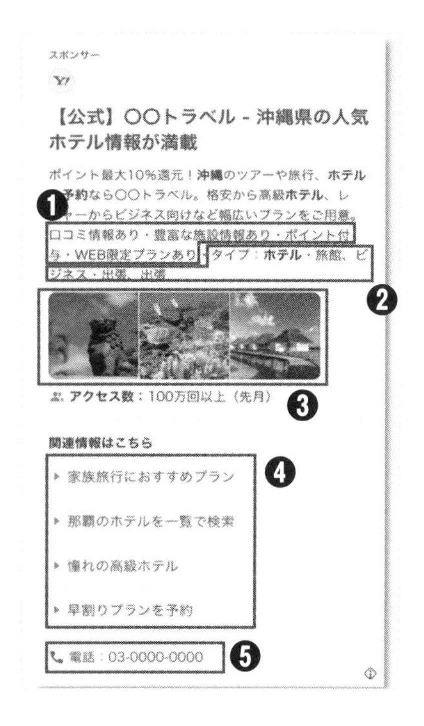

❶・テキスト補足

広告の下に、短い文章を追加して、広告文を補足・強調するためのオプションとなります。

❸・構造化スニペット

広告の下に、製品やサービスのカテゴリとそれに関連する情報を記載するオプションとなります。

❺・電話番号

広告の下に、企業や店舗の電話番号を入れるオプションとなります。実際に広告経由で通話発生した場合に、コンバージョンとして計測することもできます。

◉広告設定方法

では実際にYahoo! 検索広告の設定方法をご説明しましょう。

◉ Yahoo! 広告アカウント作成方法

まず、Yahoo! 広告を始めるためには、Yahoo! JAPAN IDの取得が必須となります。

下記のYahoo! 公式の記事を参考に進めてください。
https://www.lycbiz.com/jp/column/searchads/service-information/20231219/

◉Yahoo! 検索広告 アカウント内の画面説明

アカウント内の見方を説明してきます。

デフォルトの本画面で、左側では主にキャンペーン〜広告グループ〜キーワード / 広告などの各階層に遷移するボタンをはじめ、様々な設定ができるような形で、分かりやすい仕様となっています。
また、右上のボタンで、主な機能が切り替えられます。

・レポート

キャンペーン～広告グループ～キーワード / 広告などの各階層画面で、レポート数値をダウンロードすることが可能ですが、よりカスタマイズされた詳細なレポートなどはこちらで作成が可能です。

・ツール

コンバージョン計測のためのタグ発行やリターゲティングの設定をはじめ、このアカウントにアクセスのできるユーザーの権限編集など、様々なツール設定が可能です。

・料金

クレジットカードなどの支払いの設定や料金明細が確認できる箇所となります。

キャンペーン作成方法

まず、キャンペーンの画面より、青い「+ キャンペーン作成」ボタンを押しましょう。

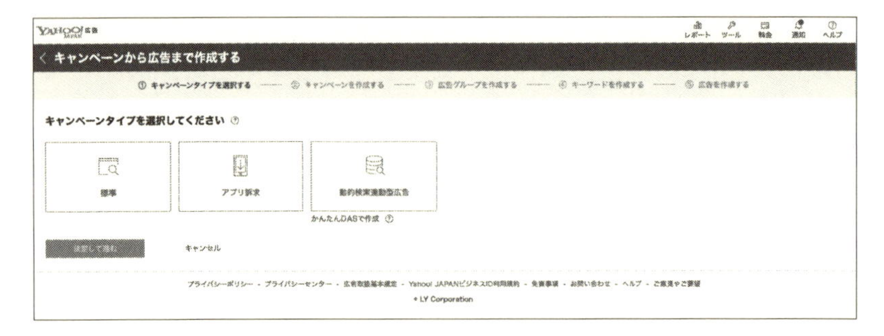

「標準」を選択します。

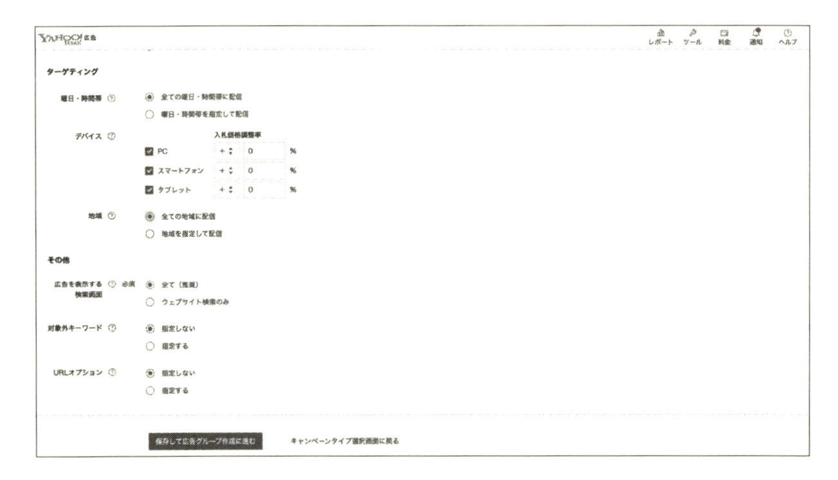

下にスクロールして、曜日･時間帯／デバイス／地域設定などができます。地域設定では、市区町村レベルまでの設定が可能です。

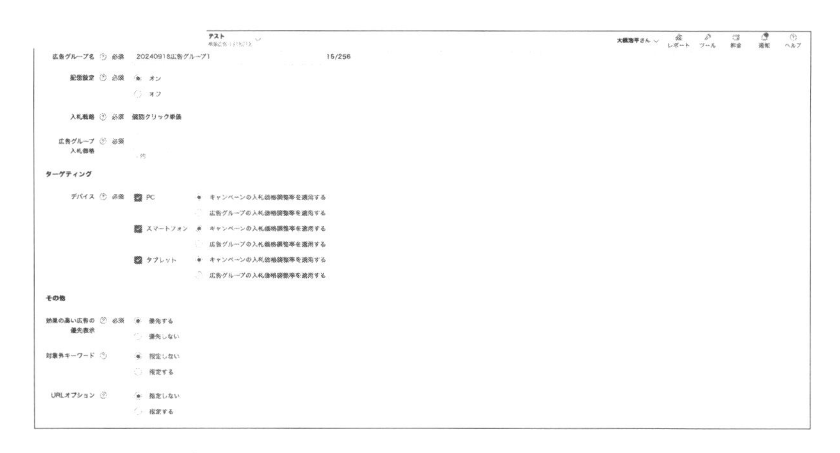

次に広告グループの設定では、入札価格の設定をはじめ、デバイス毎の調整などができます。

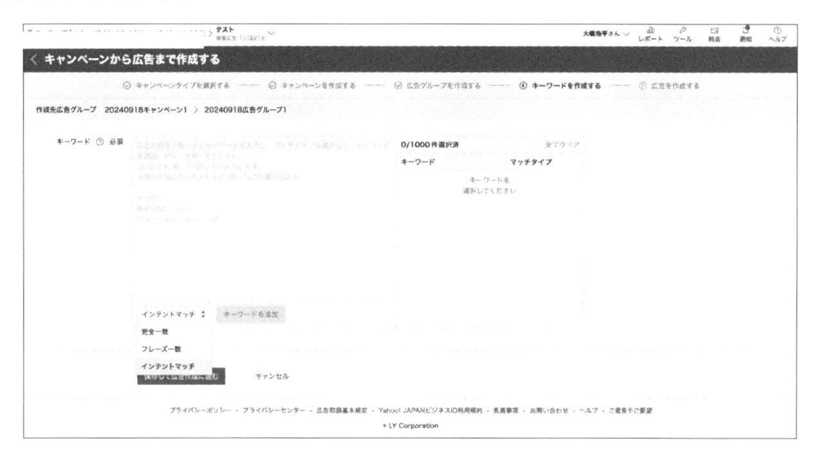

次の画面でキーワードの登録を行います。

Google のようにキーワードを記号で囲む方式ではなく、キーワードを直接そのまま入力し、マッチタイプを選択するという形となります。

この画面では、100 キーワードまでしか登録できないため、それ以上登録したい場合は、一度キャンペーンを作成後に、後から追加する形になります。

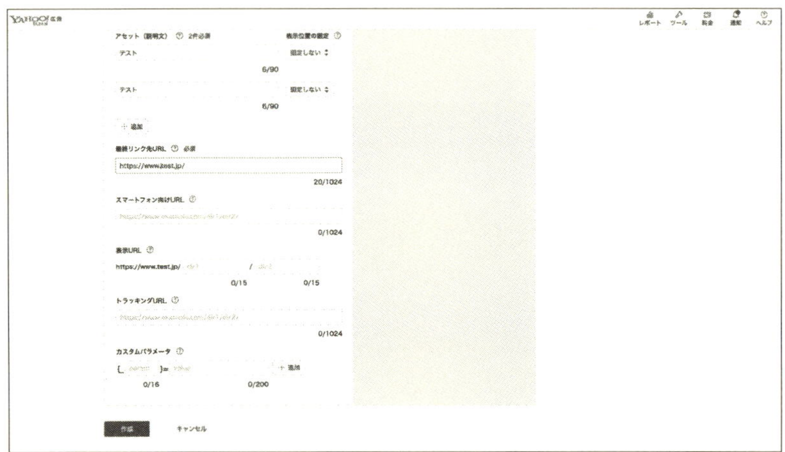

URL、ディレクトリ（表示URLの末尾に追加できるテキスト）、タイトル、説明文など設定を行っていきます。

入力していくことで、文字数オーバーなのかどうかを確認することができます。

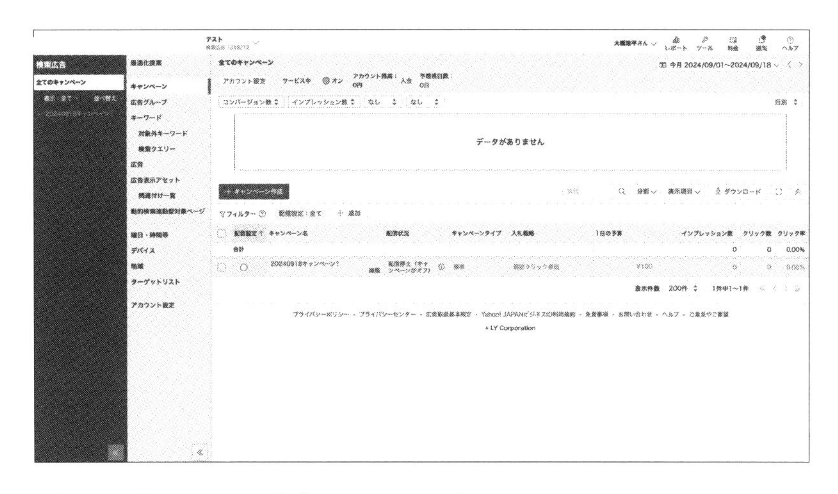

作成ボタンを押すと、設定完了になります。

Yahoo! ディスプレイ

Yahoo! トップに出せる（ブランドパネル）です。

◉概要

Yahoo! ディスプレイ広告（YDA）についてですが、Google と同じく、指定したターゲットに当てはまるユーザーがサイトを閲覧した際に、画像（バナー）広告が表示されるものになります。

特にYahoo!については、提携サイトの他にYahoo! JAPANのポータルトップや記事内など、視認性やリーチの大きい掲載面にお配信することが可能です。

◉広告フォーマット

Google と同じく、フォーマットは 2 種に分かれています。

・通常バナー

こちらは、画像と URL のみを設定して配信するものになります。

テキストなど併記されないため、画像内に説明や補足をいれる必要があります。

また多様なサイズを入稿することが可能です。

入稿可能サイズ

アスペクト比	推奨ピクセルサイズ（横×縦）	最小ピクセルサイズ	主な配信先デバイス
(1) 1:1	1200pixel x 1200pixel	(600pixel x600pixel)	PC/ タブレット端末 / スマートフォン
(2) 6:5	600pixel x 500pixel	(300pixel x 250pixel)	PC/ タブレット端末 / スマートフォン
(3)39:5	936pixel x 120pixel	(468pixel x 60pixel)	PC/ タブレット端末 / スマートフォン
(4) 728:90	1456pixel x 180pixel	(728pixel x 90pixel)	PC/ タブレット端末 / スマートフォン
(5) 4:15	320pixel x 1200pixell	(160pixel x 600pixel)	PC/ タブレット端末 / スマートフォン
(6) 1:2	640pixel x 1200pixel	(300pixel x 600pixel)	PC/ タブレット端末
(7) 32:5	640pixel x 100pixel	(320pixel x 50pixel)	スマートフォン
(8) 16:5	640pixel x 200pixel	(320pixel x 100pixel)	スマートフォン
(9) 16:9	1280pixel x 720pixel	(640pixel x 360pixel)	

最大ファイル容量：300KB 以内

ファイル形式：JPG、JPEG、PNG、GIF

・レスポンシブバナー

こちらは、画像と URL に加えて、テキストを設定することができます。また、あらゆる広告枠に、いわゆるレスポンシブに掲載が可能な広告です。

規定

タイプ	サイズ	数量
画像（1.91:1）	1200 × 628	1 ～ 15 枚
画像（1:1）	600 × 600 or 300 × 300	1 ～ 15 枚
ロゴ	180 × 180	

最大ファイル容量：300KB 以内

ファイル形式：JPG、JPEG、PNG、GIF

タイプ	最大文字数	数量
タイトル	20 文字	1 ～ 5 個
説明文	90 文字	1 ～ 5 個
主体者表記	25 文字	1 個

配信イメージ

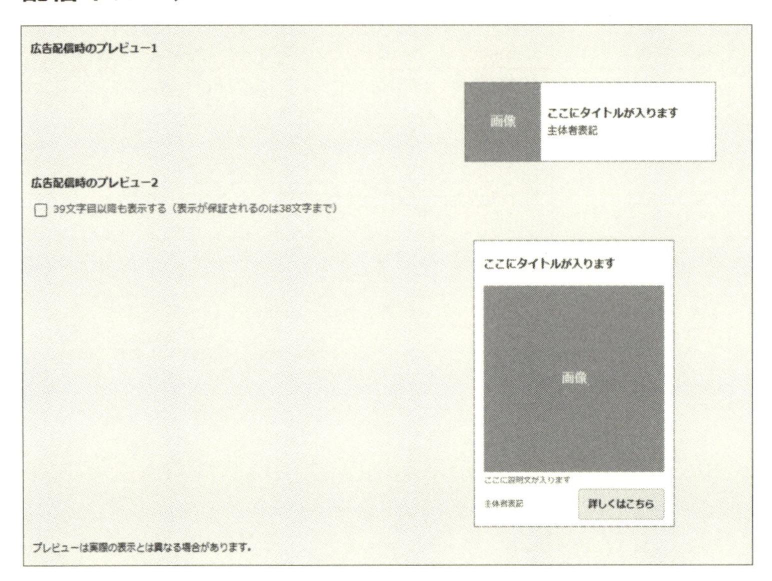

◉課金形態

リスティング広告と同じく、原則クリック課金（CPC 課金）となります。

◉アカウント構成

リスティング広告とほぼ変わらない形になります。

広告アカウントの中に、大きく分けて、

・キャンペーン

・広告グループ

・広告

の 3 階層に分かれます。

リスティング広告と異なる点は、キーワードの設定がありません。

◉キャンペーン

アカウント構成の最上位階層となり、下記の設定が可能です。

キャンペーン名、配信スケジュール設定、1日あたりの広告予算、地域設定、入札戦略など、リスティング広告への説明と同じになります。

◉広告グループ

この広告グループでは、下記の設定が可能です。

・性別 / 年齢

ユーザーの性別 / 年齢の絞り込みが可能です。

・入札単価

広告グループレベルで、入札単価を設定することが可能です。

・オーディエンス

ディスプレイ広告における醍醐味であり、最も重要な設定です。

設定できるオーディエンスは下記となります。

オーディエンス名	説明
サーチキーワード	特定のキーワード（コンテンツ）を持つウェブページをターゲティング
オーディエンスリスト	特定の分野への興味関心や購買欲の高いユーザーへターゲティング
リマーケティング	指定のサイトに訪れたユーザーに配信できる
サイトカテゴリー	特定のトピックに関連するウェブページに配信できる
プレイスメント	広告を出したい任意のウェブページや動画、アプリを指定して配信できる

◉広告バナー

広告は一つだけでなく、複数設定可能です。

・キャンペーン作成方法

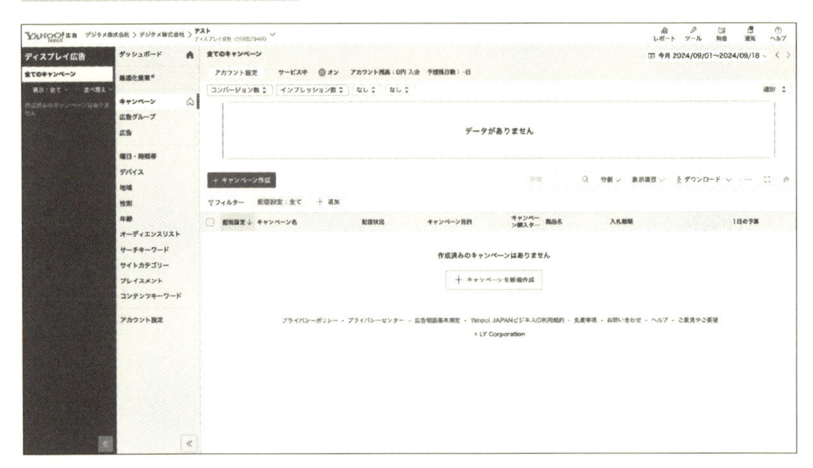

まず、キャンペーンの画面より、青い「+キャンペーン作成」ボタンを押しましょう

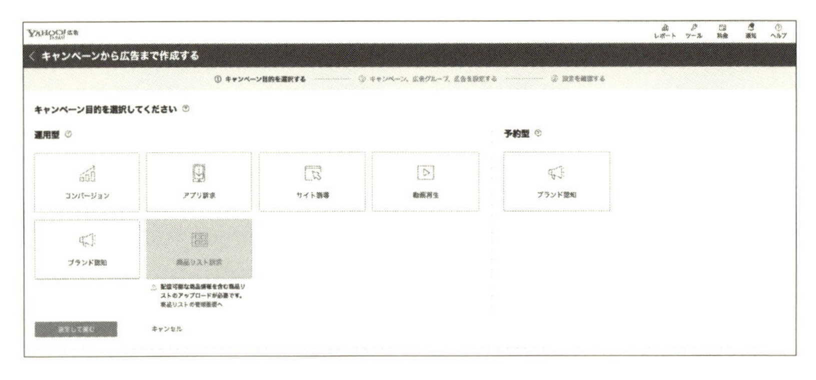

自身のマーケティング目標に合わせたキャンペーン目的を選びます。

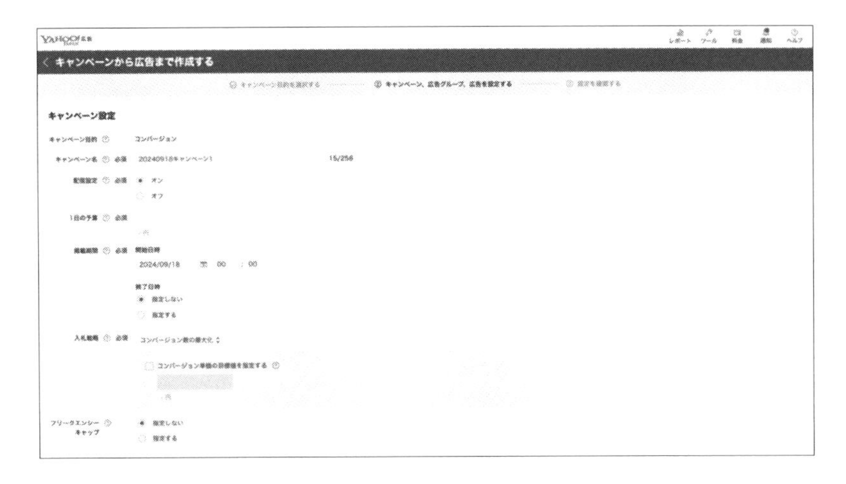

キャンペーン名を命名して入力します。

1日の予算と掲載期間も設定しましょう。

入札戦略は、目指したい目標に合わせて選択します。

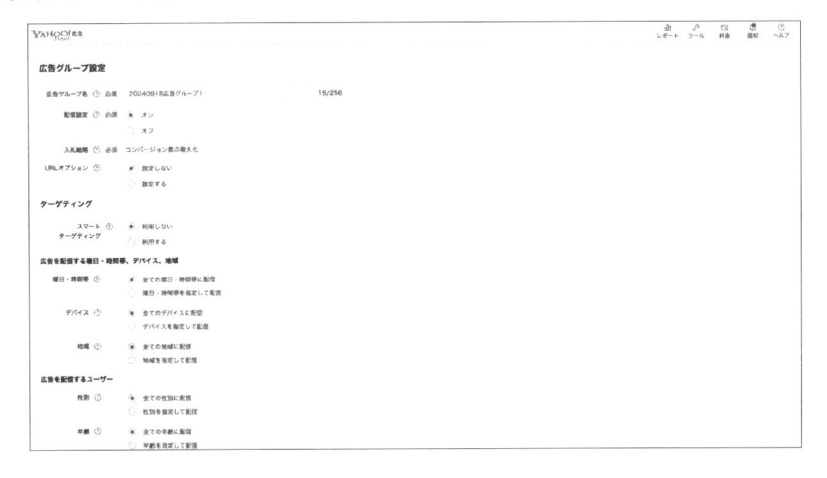

次に広告グループの設定に移ります。

ターゲティングの箇所で、曜日・時間帯、デバイス、地域、性別、年齢オーディエンスなど、項目を開いて設定することが可能です。

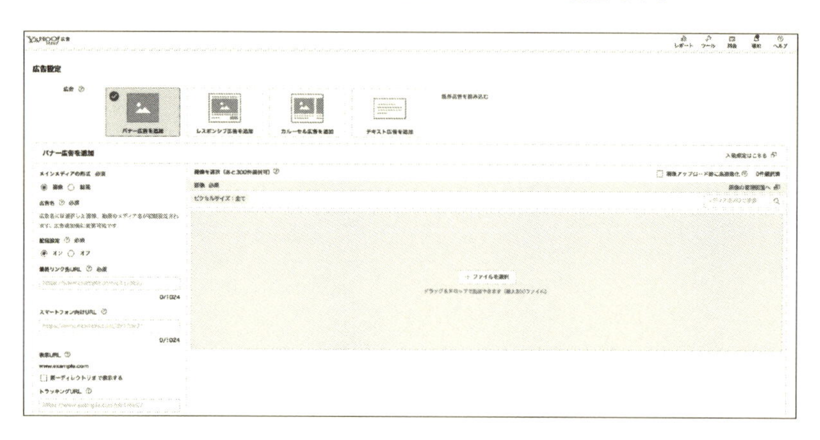

最後に広告設定ですが、まず通常バナー広告の設定の際は、「バナー広告を追加」をクリックし、画像ファイルをアップロードした上で、リンク先 URL を入力して完了です。

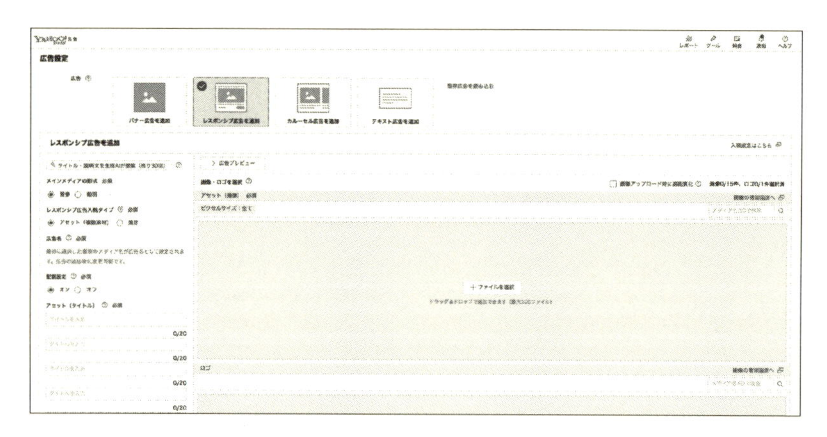

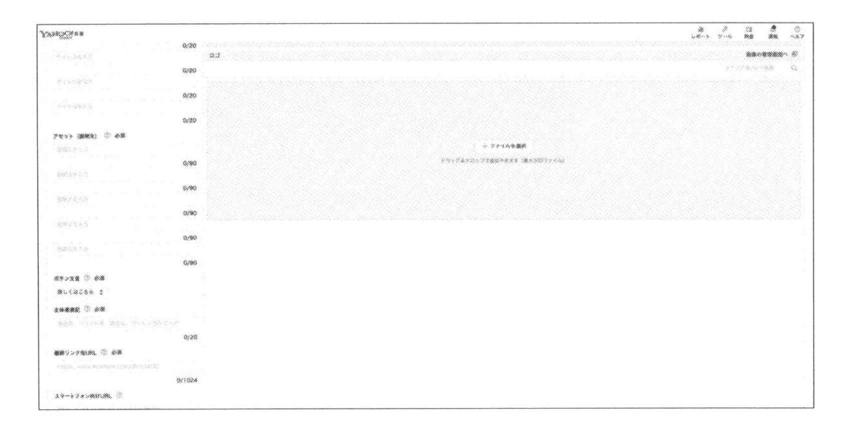

レスポンシブバナーの場合は､「レスポンシブ広告を追加」をクリックし、同様に画像ファイルをアップロードした上で、タイトル・説明文、主体者表記・リンク先 URL を設定しましょう。

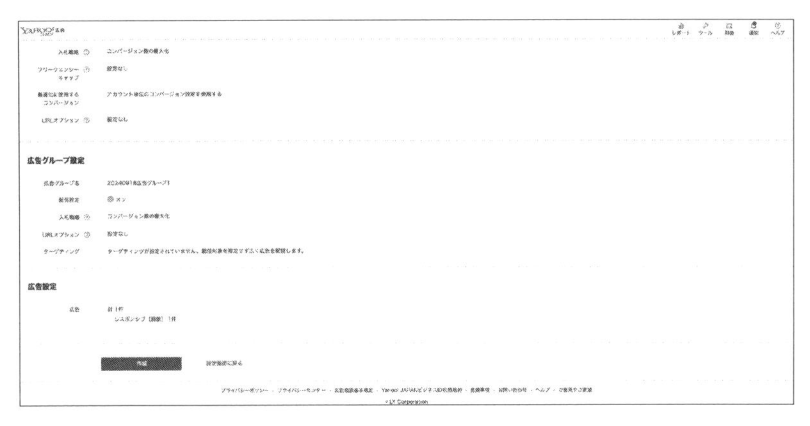

最後に確認画面で、作成ボタンを押すと、設定完了になります。

Meta 広告

Meta 広告の説明に入る前に、各 SNS の特徴について、まとめます。

媒体名	Facebook	Instagram	X	LINE	Tik Tok
登録情報	実名	実名 （FB と運動）	匿名	実名	匿名
つながり	知人、 会社の人	知人、 投稿内容が 好みな人	興味関心の 近い人	知人	知人、 投稿内容が 好みな人
利用傾向	近況報告	承認欲求を 満たす場所	情報の キャッチ アップ	連絡手段	自分で 作成した コンテンツを公開
投稿内容	ライフ イベントの報告	フォト ジェニックな 写真	今の心境など	連絡の内容	ショート動画
拡散力	○	▲	◎	▲	▲
好まれる投稿	有益な情報	フォト ジェニックな 写真	話題性がある 情報	有益な情報	目を引く 動画

Metaは2つのメディアとして、FacebookとInstagramを保有しています。

まずは、Facebook からお話していきましょう。

・Facebook

Facebook は、マーク・ザッカーバーグによって立ち上げされた実名登録制の SNS です。Facebook 上でリアルな知り合いと繋がったり、フィード投稿をして共有したりできます。

ビジネスアカウントでは、一般ユーザーと同じような投稿のほか、ライブ配信なども可能です。このことから、企業のファンを巻き込んだコミュニティ形成に役立ちます。ニュースフィードやサイドメニューに広告を表示させせることも可能です。

・Instagram

一方、Instagram は、写真の投稿を主としたSNS です。いわゆる「インスタ映え」という言葉があるように、視覚的に魅了するような投稿が望まれ、インフルエンサーや芸能人も多用している印象です

◉掲載面

Meta 広告は、Facebook、Instagram、Messenger、Audience Network（提携ネットワーク）の主に 4 つの面に配信が可能です。

主要な掲載面として、Facebook と Instagram を見てみましょう。

◉ Facebook

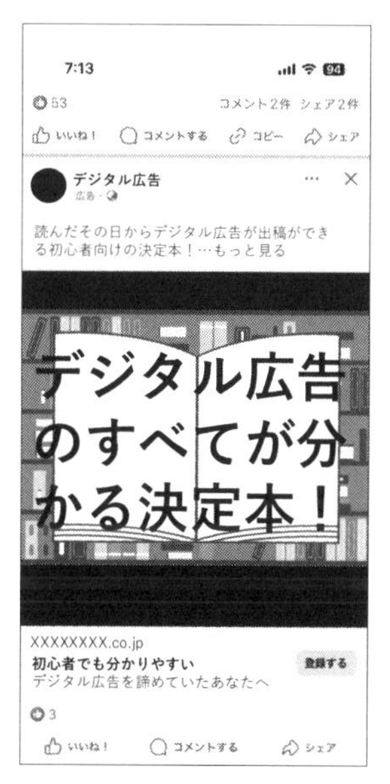

◉Instagram

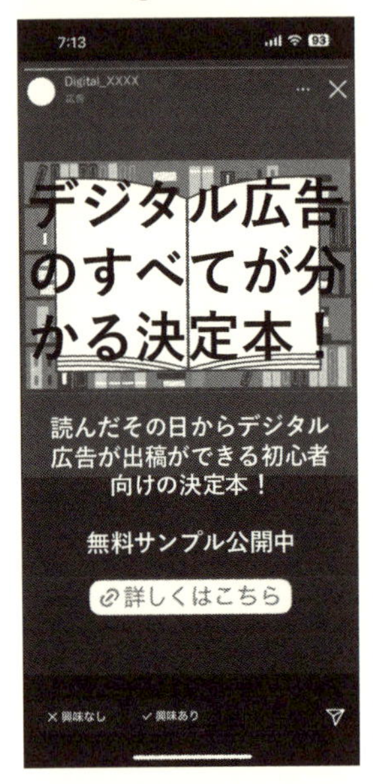

基本的には、タイムラインに表示されるフィード広告と呼ばれるものになります。

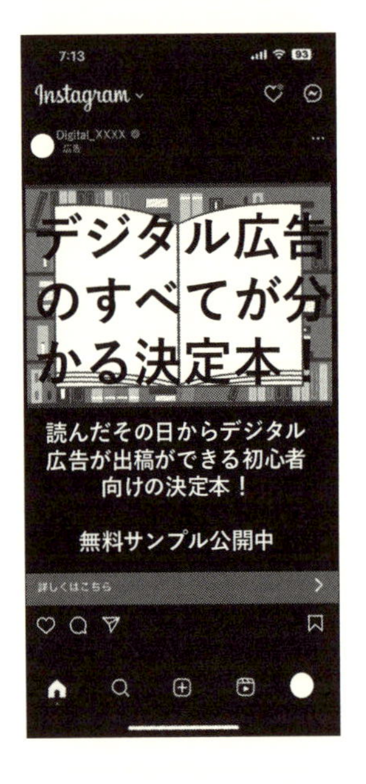

一方で、Instagramのストーリーズ面に配信される縦型全画面の広告も存在しています。

◉広告フォーマット

画像素材と動画素材どちらも出稿可能です。

画像

動画

◉課金形態

Meta 広告の大きな特徴でもありますが、原則インプレッション課金（CPM課金）となります。広告が表示されたタイミングで料金が発生（課金）される仕組みとなります。

ただ、例外もあり、クリック課金にできる場合もございますが、媒体推奨かつ基本はインプレッション課金となります。

◉アカウント構成

検索広告やディスプレイ広告と大差なく、

- **キャンペーン**
- **広告セット**

（Meta 広告では広告グループではなく広告セットと呼びます）

- **広告**

の 3 階層に分かれます。

◉キャンペーン

アカウント構成の最上位階層となり、下記の設定が可能です。

・キャンペーン名

ひと目で見て何の案件を配信しているかを分かりやすく記載すると良いです。

・キャンペーン目的

自身のマーケティング目標に合わせて、下記のキャンペーンの目的の中から選択しましょう。

認知度
トラフィック
エンゲージメント
リード
アプリの宣伝
売上

・広告予算

Meta 広告は Google や Yahoo! と違って、1 日あたりの予算設定に加えて、通算予算での設定も可能です。

◉広告セット

Meta 広告では、広告グループではなく、広告セットと呼びます。

この広告セットでは、下記の設定が可能です。

・広告予算

実は広告セットレベルでも予算を設定することができます。例えば、広告セット毎で予算を決めたい場合は、キャンペーンで予算を設定せずに、広告セットレベルで予算を設定するなど柔軟に対応可能です。

・配信スケジュール設定

広告配信を行う開始日と終了日を設定できます。配信開始後に、終了日は変更できますが、開始日は変更できません。

また、時間レベルまで設定可能です。

・地域設定

広告配信を行う地域を選択することが可能です。

都道府県〜市区町村レベルの地名での選択ができる一方で、Google と同じく、座標を指定し、半径〇〇 KM 以内という設定も可能です。

・オーディエンス

興味関心カテゴリなど指定してターゲティングができます。

・性別 / 年齢

ユーザーの性別 / 年齢の絞り込みが可能です。

・配置

Facebook、Instagram、Messenger、Audience Network（提携ネットワーク）の中から配信したい面を指定することができます。

◉広告

基本的には、必要物としては、クリエイティブ（画像 / 動画）、広告テキスト、リンク先 URL となります。

また、管理画面上で、多少のデザイン加工や修正などが可能です。

様々な画像や動画素材を入れることが可能で、配信面によって規定も変わるため、下記 Meta 社の規定を参照してください。

https://www.facebook.com/business/ads-guide/update

◉広告設定方法

では実際に Meta 広告の設定方法をご説明しましょう。

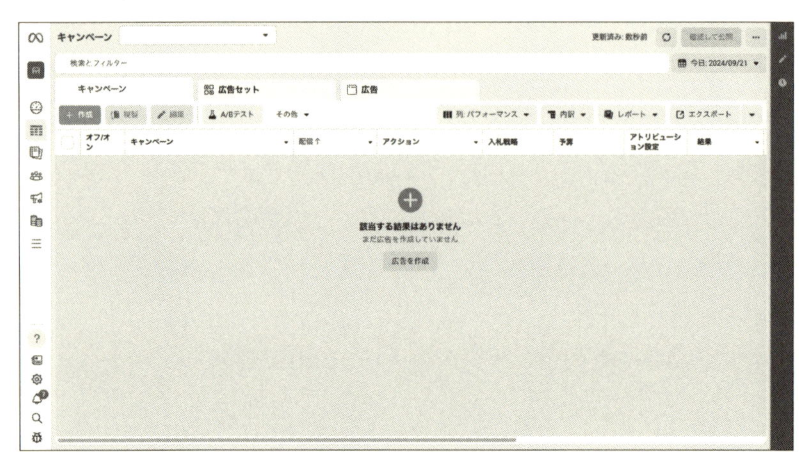

アカウント内の見方を説明してきます。

デフォルトの本画面で、キャンペーン／広告セット / 広告などの各階層に遷移するボタンをはじめ、様々な設定ができるような形で、分かりやすい仕様となっています。

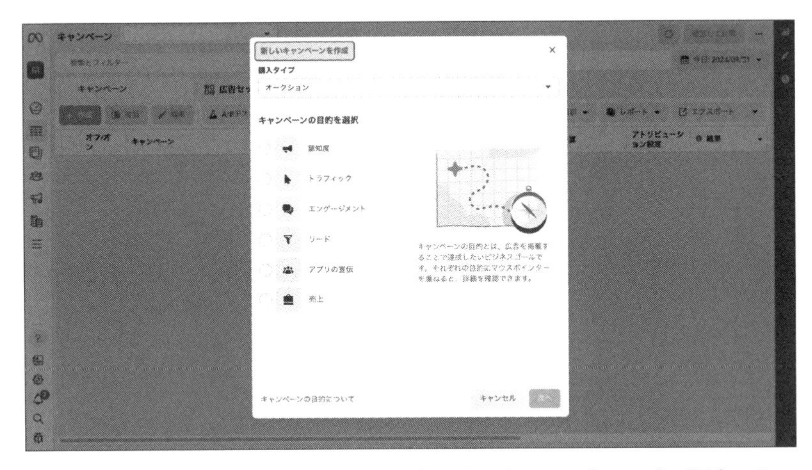

左上にある「＋作成」ボタンをクリックすると、キャンペーン作成がスタートします。

ここで、まずキャンペーンの目的を選択します。

マーケティング目標に沿ったものを選択しましょう。

今回は、一般的によく使われるトラフィック（サイト遷移）のキャンペーンを作成していきます。

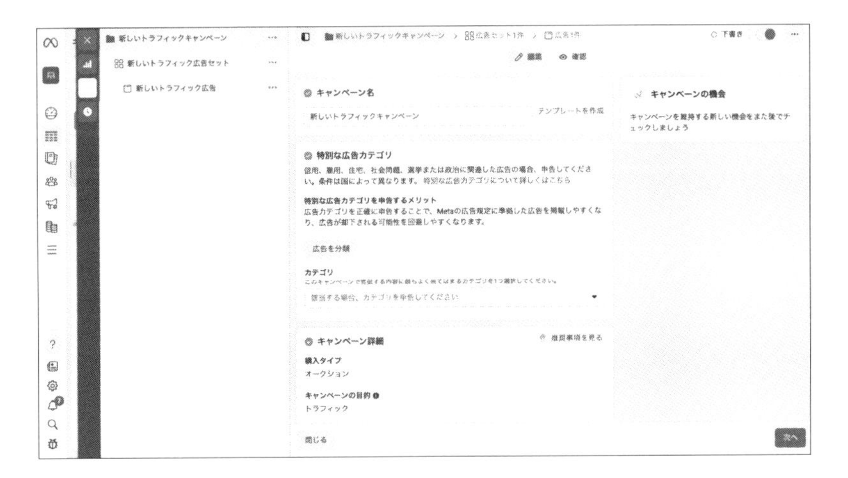

まず、最初の画面で、キャンペーン名を命名して入力しましょう。

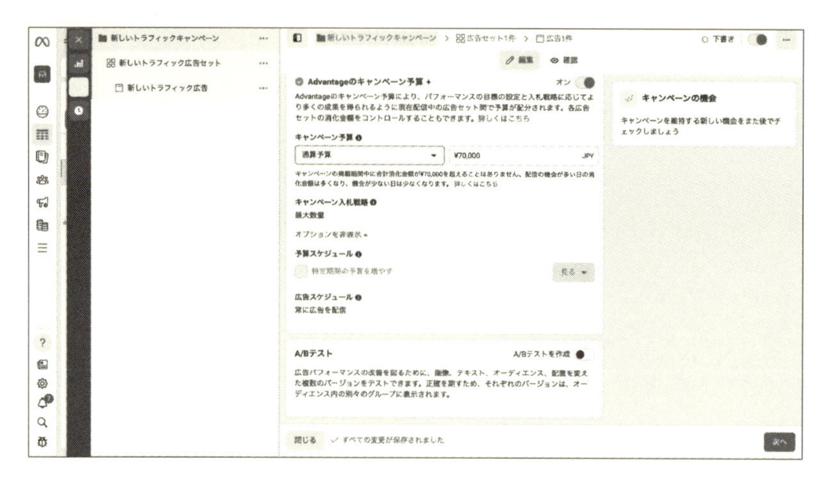

下にスクロールすると、予算の設定ができます。

前述の通り、通算予算か、1日あたりの予算かで、選択することができ、任意の金額を入力することが可能です。

これでキャンペーン階層の設定は完了です。

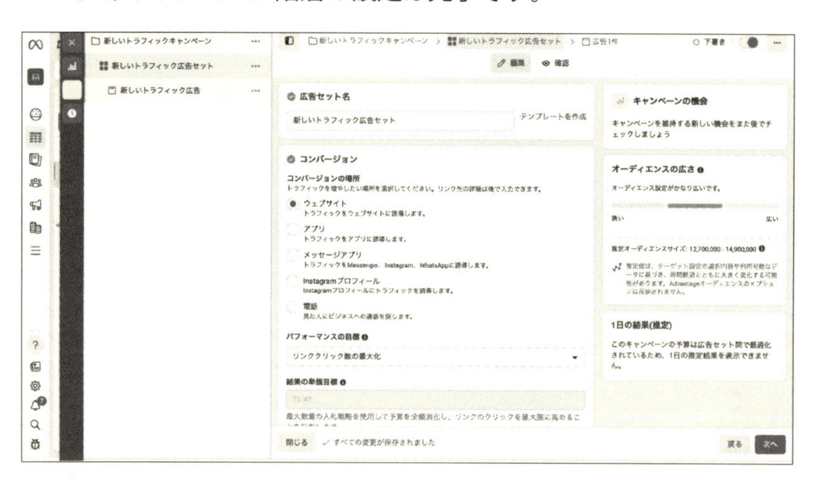

次に広告セットの設定に移動しますが、コンバージョン地点（トラフィックする場所）を設定することができ、通常のウェブサイト遷移以外にも、アプリ / メッセンジャー /Instagram プロフィールのアクセスなども選択可能です。

Meta 広告では、掲載期間の設定は分単位まで可能となっています。また、広告セットレベルでの予算の設定もこの場所で行うことができます。

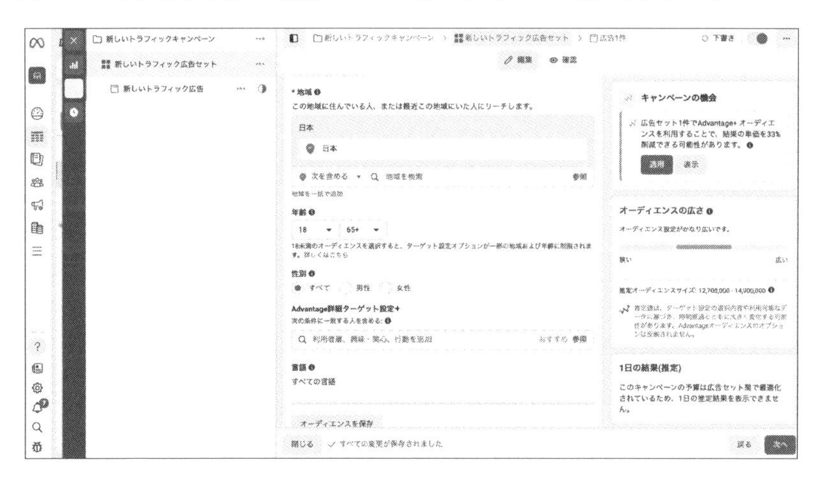

一番重要なターゲティングの設定箇所になります。

地域、性別、年齢、詳細ターゲティングの設定ができます。

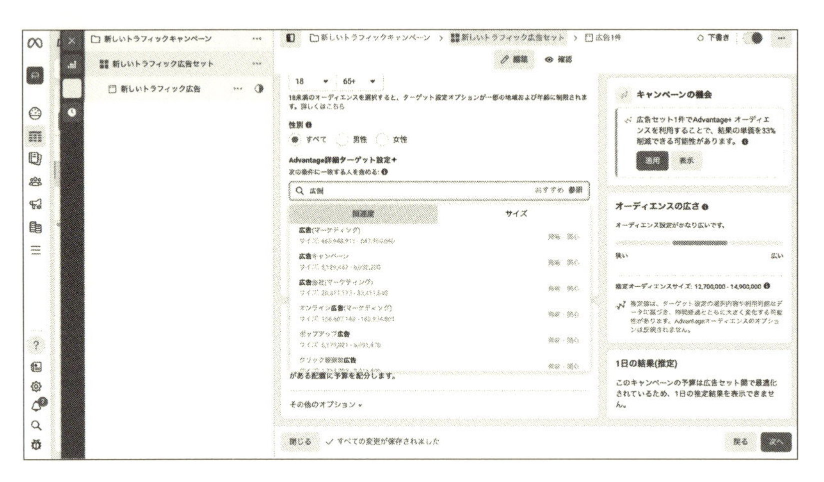

詳細ターゲティングは、あらかじめ媒体側で用意されたカテゴリもありますが、自分で検索してヒットした項目を追加することができます。

次に配置の設定になります。

大前提として、Facebook、Instagram、Messenger、Audience Network（提携ネットワーク）のどこに配信するか、さらにそれぞれの中で、フィード、ストーリーズ、検索タブなど、より詳細な配信面を設定できます。

広告レベルの設定画面に入ります。

まず、広告に表示される名前となるFacebookページやInstagramアカウントを選択します。

こちらは自身に権限のあるものでないと表示されないため、事前に権限があるか確認しておきましょう。

クリエイティブソースの箇所となり、広告を作成するか、もしくは既存のオーガニック投稿を広告として配信する手法も選択できます。

また、単一クリエイティブか、複数クリエイティブ（カルーセルタイプ）で、広告を設定するかなども選択ができます。

下にスクロールすると、実際にクリエイティブ（画像、動画）をアップロードし、広告テキストを入力する設定画面になります。

右側に、各配置面でのプレビューが表示されますので、様子を見ながら作成ができます。

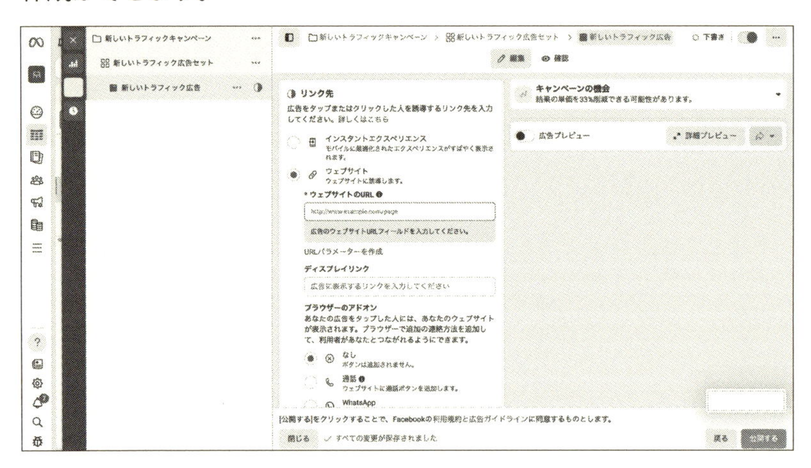

最後にリンク先を設定し、「公開する」ボタンを押して完了となります。

X広告

◉概要

媒体名	Facebook	Instagram	X	LINE	Tik Tok
登録情報	実名	実名 （FBと運動）	匿名	実名	匿名
つながり	知人、 会社の人	知人、 投稿内容が 好みな人	興味関心の 近い人	知人	知人、 投稿内容が 好みな人
利用傾向	近況報告	承認欲求を 満たす場所	情報の キャッチ アップ	連絡手段	自分で 作成した コンテンツを公開
投稿内容	ライフ イベントの報告	フォト ジェニックな 写真	今の心境など	連絡の内容	ショート動画
拡散力	○	▲	◎	▲	▲
好まれる投稿	有益な情報	フォト ジェニックな 写真	話題性がある 情報	有益な情報	目を引く 動画

X は、2023 年までは Twitter という名称の SNS でした。

短文のテキスト投稿（つぶやき）を発信して、他のユーザーとコミュニケーションが取れるSNSになります。また、匿名で誰でも気軽に使用ができます。

投稿に対して、いいね、リポスト、返信などができ、いわゆる「バズる」という言葉のように、話題喚起や認知拡大が狙える SNS となっています。

◉掲載面

X 広告は、主に X のタイムラインに、ユーザー投稿に混じって、配信される広告になります。

その他、おすすめユーザーの箇所に出る、アカウントのフォローを目的とした「プロモアカウント」や、トレンド欄に出る広告タイプを存在しています。

◉広告フォーマット

画像素材と動画素材どちらも出稿可能です。

画像

◉課金形態

配信する目的やフォーマットによって課金方法が異なります。

・サイト遷移目的→クリック課金
・エンゲージメント目的→エンゲージメント課金
・リーチ目的→インプレッション課金
・動画再生目的→動画再生課金
・フォロー目的→フォロワー獲得課金

◉アカウント構成

検索広告やディスプレイ広告と大差なく、

・キャンペーン
・広告グループ
・広告

の3階層に分かれます。

◉キャンペーン

アカウント構成の最上位階層となり、下記の設定が可能です。

・キャンペーン名

ひと目で見て何の案件を配信しているかを分かりやすく記載すると良いです。

・キャンペーン目的

自身のマーケティング目標に合わせて、下記のキャンペーンの目的の中から選択しましょう。

リーチ

プレロール再生数
アプリのインストール数
ウェブサイトの訪問者数
エンゲージメント数
アプリのリエンゲージメント数
売上
キーワード

・広告予算

Meta 広告同様に、1日あたりの予算設定に加えて、通算予算での設定も可能です。

◉広告グループ

この広告グループでは、下記の設定が可能です。

・広告予算

Meta 同様に広告グループレベルでも予算を設定することができます。

・配信スケジュール設定

広告配信を行う開始日と終了日を設定できます。配信開始後に、終了日は変更できますが、開始日は変更できません。

また、時間レベルまで設定可能です。

・地域設定

広告配信を行う地域を選択することが可能です。

市区町村レベルまで設定可能です。

・性別 / 年齢

ユーザーの性別 / 年齢の絞り込みが可能です。

・オーディエンス

興味関心カテゴリなど指定してターゲティングができます。

また、X 広告の醍醐味でもありますが、キーワードとアカウントに対して、ターゲティングが可能です。

◉キーワード

ユーザーが検索、ツイートしたキーワードや、エンゲージメントしたツイートに含まれているキーワードと、それに関連する用語を追加することでオーディエンスをターゲティングします。

◉フォロワーが似ているアカウント

特定のアカウントのフォロワーと興味関心が似ているアカウントにリーチします。

◉広告

基本的には、必要物としては、クリエイティブ（画像 / 動画）、遷移先 URL、広告テキストとなります。

様々な画像や動画素材を入れることが可能で、配信面によって規定も変わるため、下記 X 社の規定を参照してください。

https://business.x.com/ja/help/campaign-setup/creative-ad-specifications

◉広告設定方法

では実際に X 広告の設定方法をご説明しましょう。

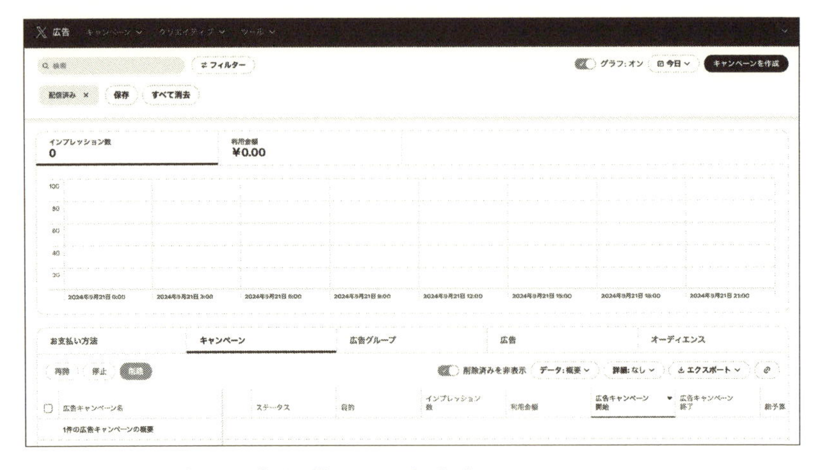

アカウント内の見方を説明してきます。

デフォルトの本画面で、キャンペーン／広告セット / 広告などの各階層に遷移するボタンをはじめ、様々な設定ができるような形で、分かりやすい仕様となっています。

右上にある「+ キャンペーンを作成」ボタンをクリックすると、設定を開始できます。

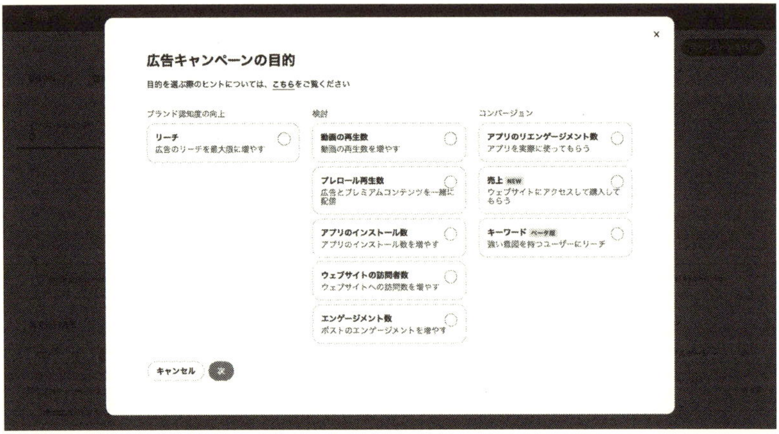

ここで、まずキャンペーンの目的を選択します。
マーケティング目標に沿ったものを選択しましょう。

今回は、一般的によく使われる「ウェブサイトの訪問者数」のキャンペーンを作成していきます。

まず、最初の画面で、キャンペーン名を命名して入力しましょう。

また予算の設定ができます。
X広告は、通算予算（上限予算）と1日あたりの予算の両方を設定する必要があります。

これでキャンペーン階層の設定は完了です。

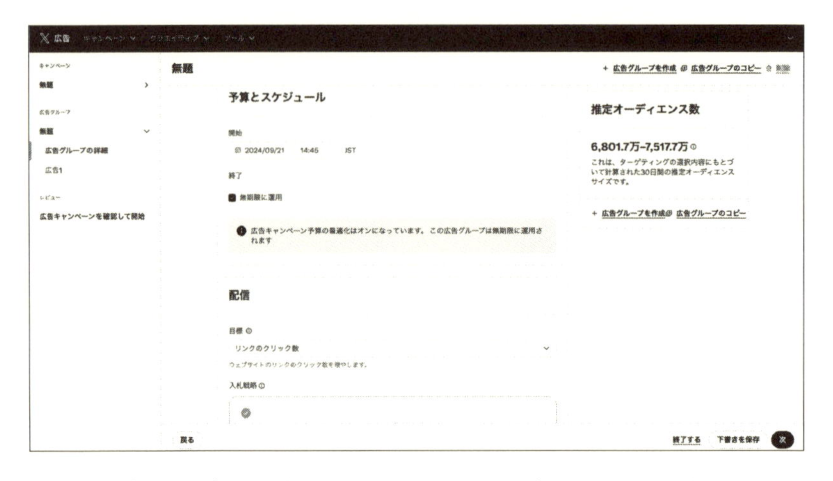

広告グループの設定画面に移り、スケジュールの設定になりますが、Meta 広告同様に、分単位まで可能となっています。

また、広告セットレベルでの予算の設定もこの場所で行うことができます。

また、その下で、課金方法（サイト訪問 or クリック）を選択でき、また入札金額も設定可能です。

ターゲティングの画面に移り、地域、性別、年齢の設定ができます。

地域は基本的には、市区町村レベルの設定ですが、半径○○ KM 以内という設定も可能です。

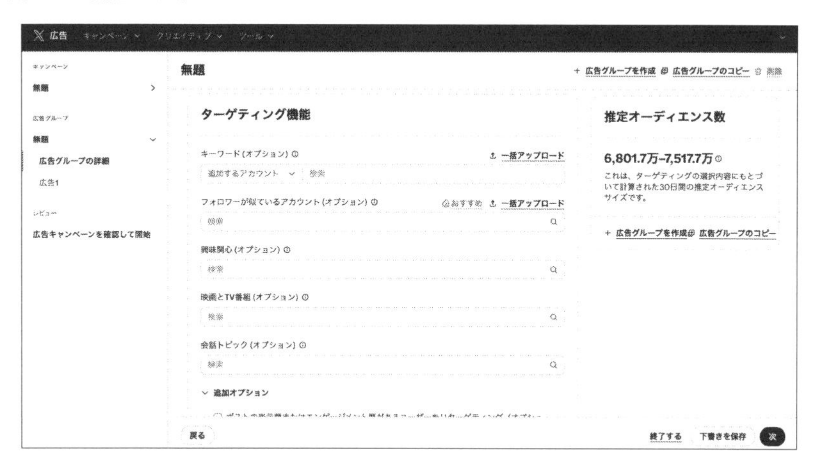

Meta 広告同様に、興味関心ターゲティングなど、あらかじめ媒体側で用意されたカテゴリもありますが、キーワードやアカウントを指定して、それらに関連するユーザーへのターゲティングが可能となっています。

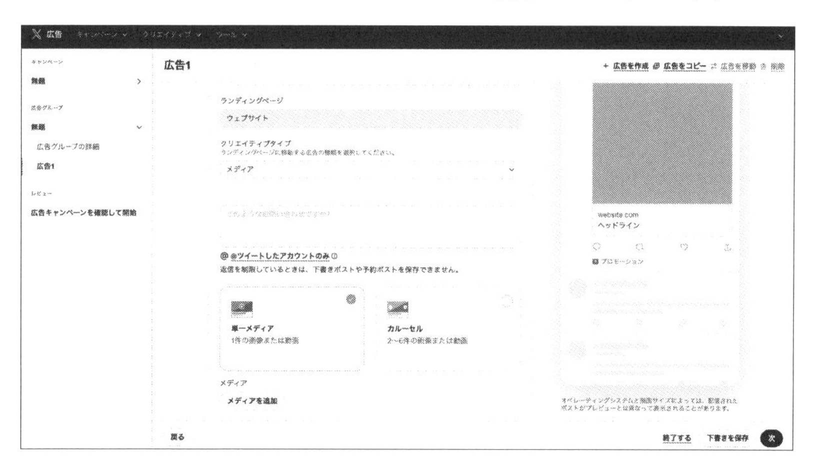

最後に広告の設定画面となります。

オーガニック投稿と同じような画面になりますが、クリエイティブ（画像、動画）をアップロードし、広告テキストとリンク先URLを入力する設定画面になります。

右側に、プレビューが表示されますので、様子を見ながら作成ができます。最後に全体の確認画面を終えて、キャンペーン作成完了になります。

LINE広告

◉概要

媒体名	Facebook	Instagram	X	LINE	Tik Tok
登録情報	実名	実名 （FBと運動）	匿名	実名	匿名
つながり	知人、 会社の人	知人、 投稿内容が 好みな人	興味関心の 近い人	知人	知人、 投稿内容が 好みな人
利用傾向	近況報告	承認欲求を 満たす場所	情報の キャッチ アップ	連絡手段	自分で 作成した コンテンツを公開
投稿内容	ライフ イベントの報告	フォト ジェニックな 写真	今の心境など	連絡の内容	ショート動画
拡散力	○	▲	◎	▲	▲
好まれる投稿	有益な情報	フォト ジェニックな 写真	話題性がある 情報	有益な情報	目を引く 動画

LINEは、日本でスマートフォンを持つユーザーなら、ほぼ9割以上の方が使用しているであろう、コミュニケーションアプリになります。

実際、他のSNSでは特定のユーザーしかいない場合があったとしても、LINEについては、性別・年齢を問わず幅広いユーザーに利用されている形になります。

◉掲載面

LINE 広告は、LINE アプリ内をはじめ多くの掲載面を持っています。

トークリスト

LINE NEWS

LINE NEWS

などが代表的な鋳物になります。

他の配信面は下記を参照してください。
https://www.lycbiz.com/jp/service/line-ads/media/

◉広告フォーマット

　画像素材と動画素材どちらも出稿可能です。

画像

動画

◉課金形態

　配信する目的やフォーマットによって課金方法が異なります。
主に、クリック課金、インプレッション課金、友達追加課金の 3 つに分かれています。

◉アカウント構成

　他媒体と同じく
・キャンペーン
・広告グループ
・広告
　の 3 階層に分かれます。

◉キャンペーン

　アカウント構成の最上位階層となり、下記の設定が可能です。

・キャンペーン名

ひと目で見て何の案件を配信しているかを分かりやすく記載すると良いです。

・キャンペーン目的

自身のマーケティング目標に合わせて、下記のキャンペーンの目的の中から選択しましょう。

ウェブサイトへのアクセス
ウェブサイトコンバージョン
アプリのインストール
アプリのエンゲージメント
動画の再生
リーチ
商品フィードから販売

・広告予算

Meta 広告同様に、1 日あたりの予算設定に加えて、通算予算での設定も可能です。

◉広告グループ

この広告グループでは、下記の設定が可能です。

・広告予算

Meta 同様に広告グループレベルでも予算を設定することができます。

・配信スケジュール設定

広告配信を行う開始日と終了日を設定できます。配信開始後に、終了日は変更できますが、開始日は変更できません。
　また、時間レベルまで設定可能です。

・地域設定

　広告配信を行う地域を選択することが可能です。
　都道府県レベルまで設定可能です。

・性別 / 年齢

　ユーザーの性別 / 年齢の絞り込みが可能です。

・オーディエンス

　興味関心カテゴリなど指定してターゲティングができます。
　また、同じ会社であるヤフー広告のターゲティングも利用することが可能です。

・掲載面

　下記の一覧から選択して配信が可能です。

■トークリスト
■ LINE NEWS
■ LINE VOOM
■ホーム
■ウォレット
■ LINE マンガ
■ LINE ポイントクラブ
■ LINE チラシ
■ LINE クーポン
■ LINE マイカード
■ LINE ブランドカタログ

■ LINE Monary
■アルバム
■ LINE オープンチャット
■ LINE 公式アカウントのトークルーム
■ LINE ENTERTAINMENT 公式アカウント
■ LINE GAME 公式アカウント
■ LINE ファミリーアプリ
■ LINE 広告ネットワーク

◉広告

基本的には、必要物としては、クリエイティブ（画像 / 動画）、広告テキスト、リンク先 URL となります。

様々な画像や動画素材を入れることが可能で、配信面によって規定も変わるため、下記 LINE ヤフー社の規定を参照してください。
https://www.lycbiz.com/jp/manual/line-ads/policy_009/

◉広告設定方法

では実際に LINE 広告の設定方法をご説明しましょう。

アカウント内の見方を説明してきます。

デフォルトの本画面で、キャンペーン／広告グループ / 広告などの各階層に遷移するボタンをはじめ、様々な設定ができるような形で、分かりやすい仕様となっています。

キャンペーンを作成」ボタンをクリックすると、設定を開始できます。

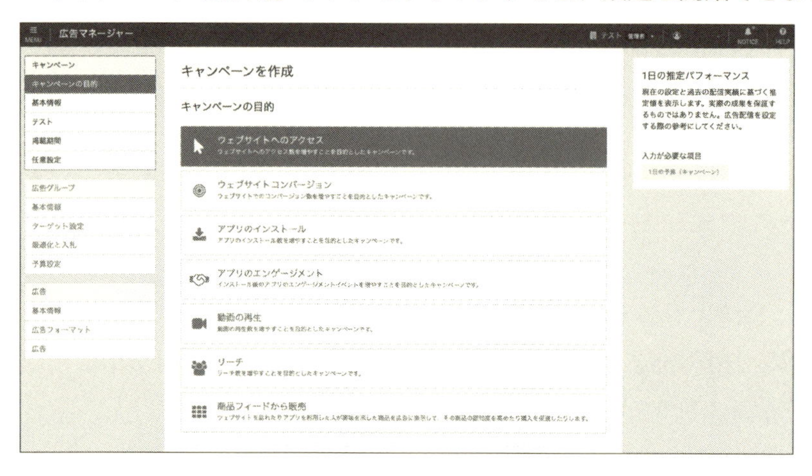

ここで、まずキャンペーンの目的を選択します。
マーケティング目標に沿ったものを選択しましょう。

今回は、一般的によく使われる「ウェブサイトへのアクセス」のキャンペーンを作成していきます。

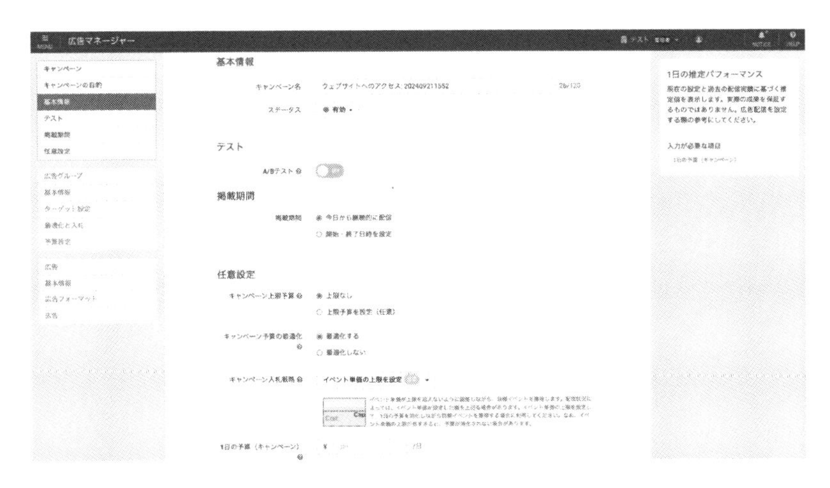

まず、最初の画面で、キャンペーン名を命名して入力しましょう。

次に掲載期間の設定になりますが、分単位まで可能となっています。

また予算の設定ができます。
上限予算（任意）と1日あたりの予算の両方を設定する必要があります。

広告グループの設定に移り、まず地域、性別、年齢の設定ができます。

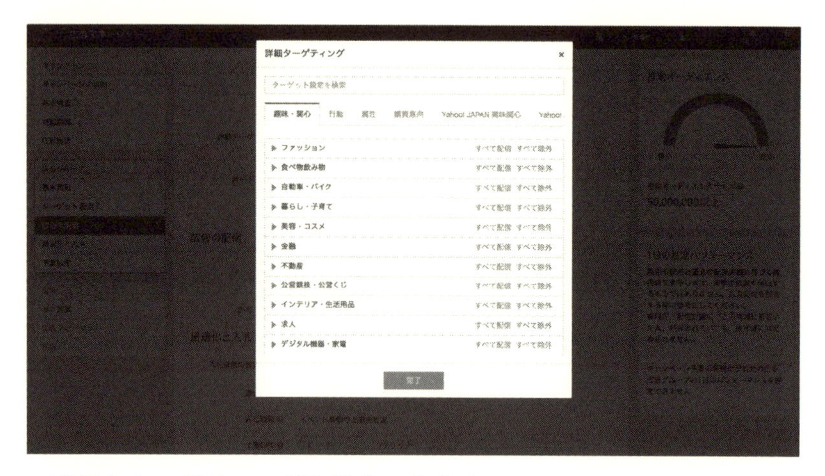

詳細なターゲティングを設定できます。

あらかじめ媒体側で用意されたカテゴリから選択できます。

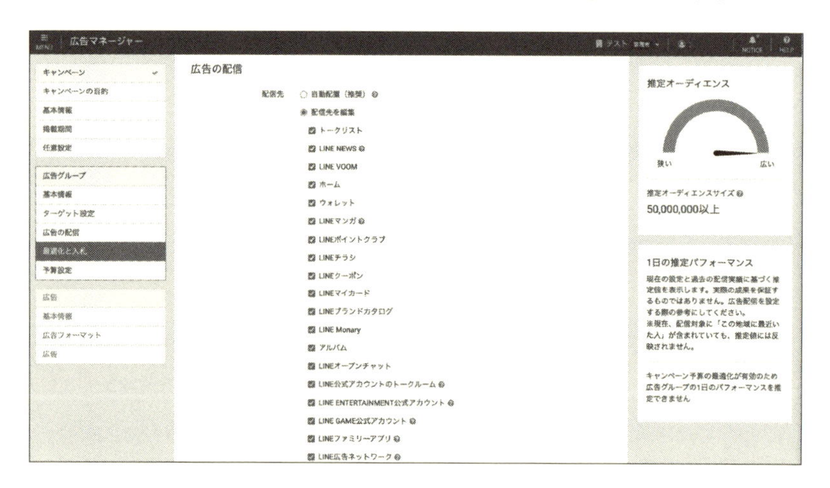

次に広告の配信場所を選択できます。

デフォルトではすべてチェックマークが付いていますが、自由に選択が可能です。

一番下の箇所で、入札戦略や入札単価を設定します。

広告の画面に移り、クリエイティブ（画像、動画）をアップロードし、広告テキストとリンク先URLを入力する設定画面になります。

右側に、プレビューが表示されますので、様子を見ながら作成ができます。

広告作成完了と同時にキャンペーン設定の完了となります。

TikTok 広告

◉概要

媒体名	Facebook	Instagram	X	LINE	Tik Tok
登録情報	実名	実名 (FB と運動)	匿名	実名	匿名
つながり	知人、 会社の人	知人、 投稿内容が 好みな人	興味関心の 近い人	知人	知人、 投稿内容が 好みな人
利用傾向	近況報告	承認欲求を 満たす場所	情報の キャッチ アップ	連絡手段	自分で 作成した コンテンツを公開
投稿内容	ライフ イベントの報告	フォト ジェニックな 写真	今の心境など	連絡の内容	ショート動画
拡散力	○	▲	◎	▲	▲
好まれる投稿	有益な情報	フォト ジェニックな 写真	話題性がある 情報	有益な情報	目を引く 動画

◉掲載面

TikTok 広告は、主に TikTok のタイムラインに、ユーザー投稿に混じって、配信される広告になります。

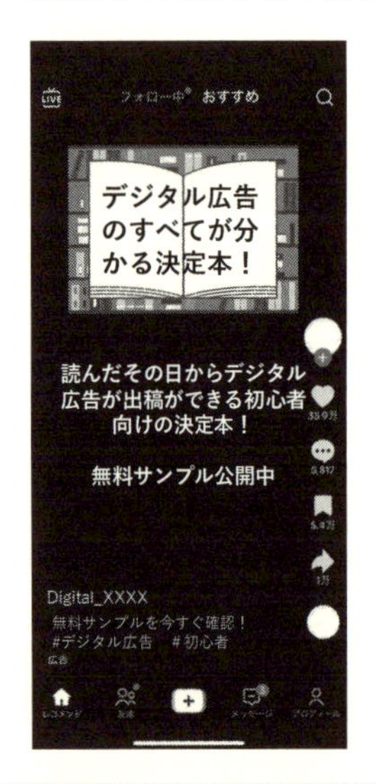

その他、提携ネットワークである Pangle や BuzzVideo にも配信することができます。

◉広告フォーマット

他のSNS広告と違って、動画素材のみ出稿可能です。

基本的には縦型動画を推奨していますが、正方形や横型サイズも入稿可能です。

基本的には縦型動画を推奨していますが、正方形や横型サイズも入稿可能です。

◉課金形態

配信する目的やフォーマットによって課金方法が異なります。
主に、クリック課金、インプレッション課金、動画視聴課金の3つに分かれています。

◉アカウント構成

検索広告やディスプレイ広告と大差なく、

・キャンペーン
・広告セット（広告グループと同じ）
・広告

の3階層に分かれます。

◉キャンペーン

アカウント構成の最上位階層となり、下記の設定が可能です。

・キャンペーン名

ひと目で見て何の案件を配信しているかを分かりやすく記載すると良いです。

・キャンペーン目的

自身のマーケティング目標に合わせて、次のキャンペーンの目的の中から選択しましょう。

リーチ
トラフィック
動画視聴数
コミュニティインタラクション
アプリプロモーション
リード生成
ウェブサイトのコンバージョン数

・広告予算

Meta 広告同様に、1 日あたりの予算設定に加えて、通算予算での設定も可能です。

◉広告セット

この広告グループでは、下記の設定が可能です。

・広告予算

Meta 同様に広告グループレベルでも予算を設定することができます。

・配信スケジュール設定

広告配信を行う開始日と終了日を設定できます。配信開始後に、終了日は変更できますが、開始日は変更できません。

また、時間レベルまで設定可能です。

・地域設定

広告配信を行う地域を選択することが可能です。

市区町村レベルまで設定可能です。

・性別 / 年齢

　ユーザーの性別 / 年齢の絞り込みが可能です。

・オーディエンス

　興味＆行動を指定してターゲティングができます。

　下記に分類されたオーディエンスで、媒体側の用意したカテゴリの中から選択する形になります。

- **興味**
- **動画とのインタラクション**
- **クリエイターとのインタラクション**
- **ハッシュタグとのインタラクション**

◉広告

　基本的には、必要物としては、クリエイティブ（動画）、遷移先 URL、広告テキストとなります。

　規定は変更される可能性もあるため、下記 TikTok 公式の規定を参照してください。

https://ads.tiktok.com/help/article/video-ads-specifications?lang=ja

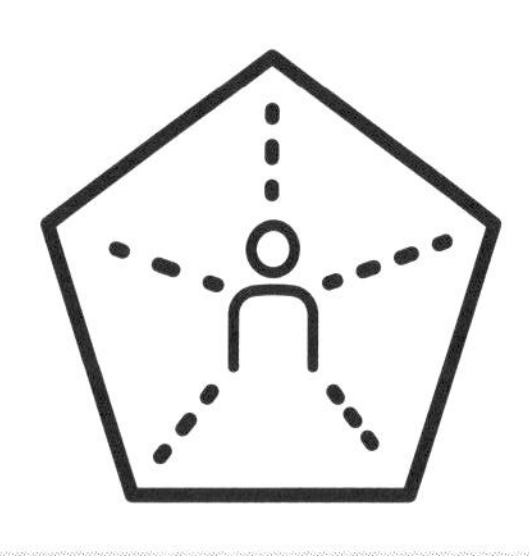

◉広告設定方法

　では実際に TikTok 広告の設定方法をご説明しましょう。

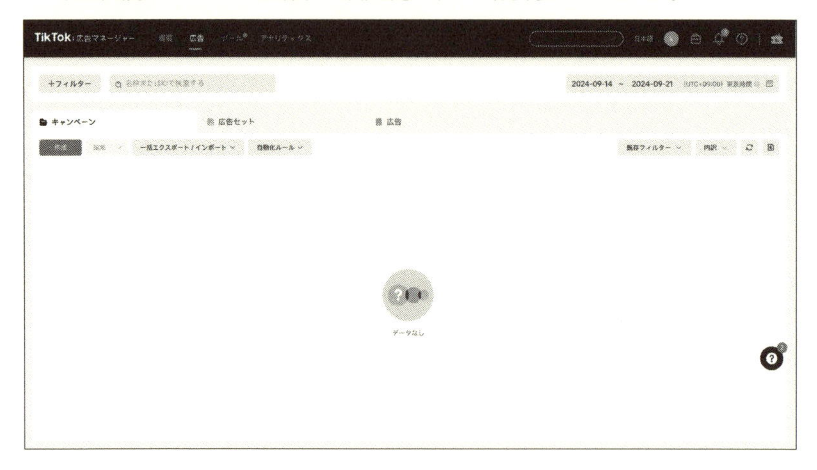

　アカウント内の見方を説明してきます。

　デフォルトの本画面で、キャンペーン／広告セット / 広告などの各階層に遷移するボタンをはじめ、様々な設定ができるような形で、分かりやすい仕様となっています。

　緑色の「作成」ボタンをクリックすると、設定を開始できます。

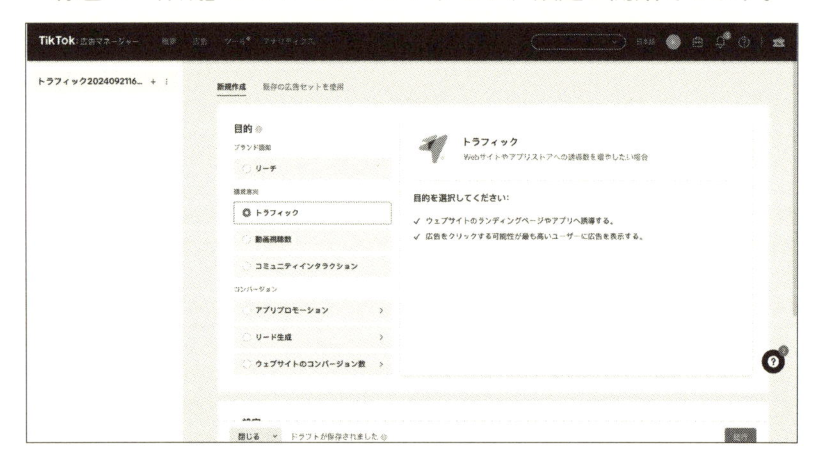

ここで、まずキャンペーンの目的を選択します。
マーケティング目標に沿ったものを選択しましょう。

今回は、一般的によく使われる「トラフィック」のキャンペーンを作成していきます。

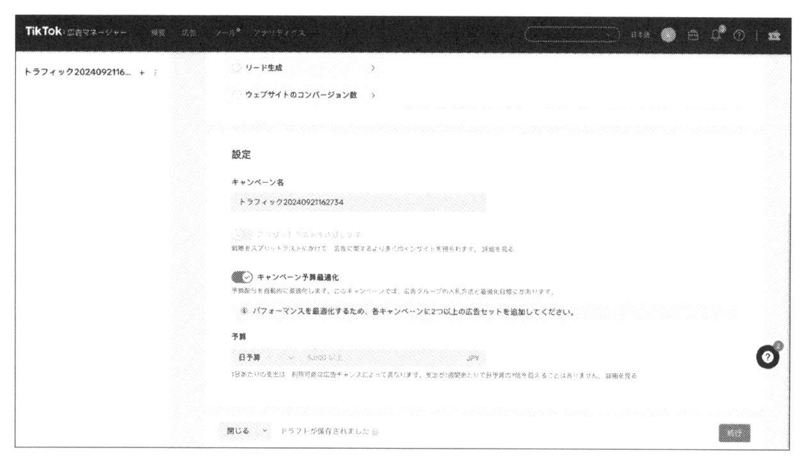

まず、最初の画面で、キャンペーン名を命名して入力しましょう。

その下で、予算の設定ができます。
通算予算もしくは1日あたりの予算のどちらかを設定する必要があります。

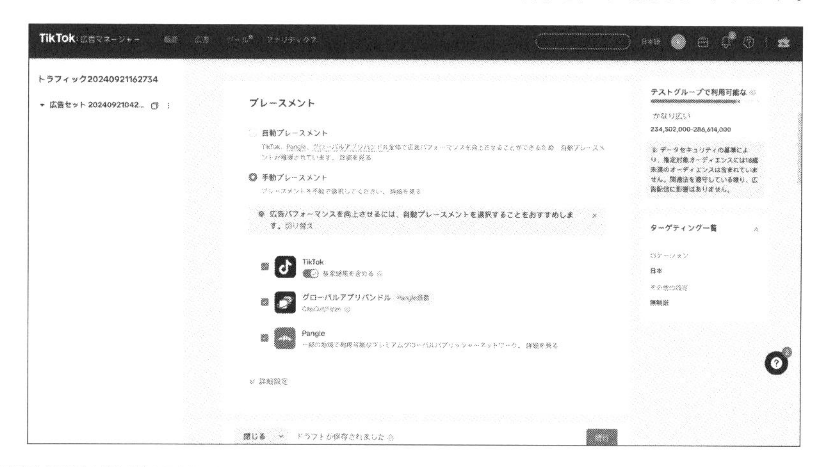

広告セット階層へ移動し、プレースメント（広告配信面）の設定になります。

TikTok本体をはじめ、PangleやBuzzVideoにも配信するか否かを選択します。

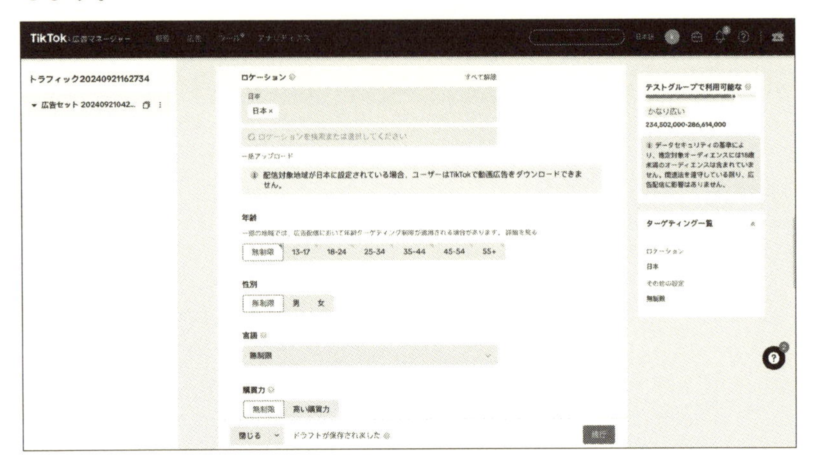

地域、性別、年齢の設定ができます。地域は都道府県でのみ設定が可能です。

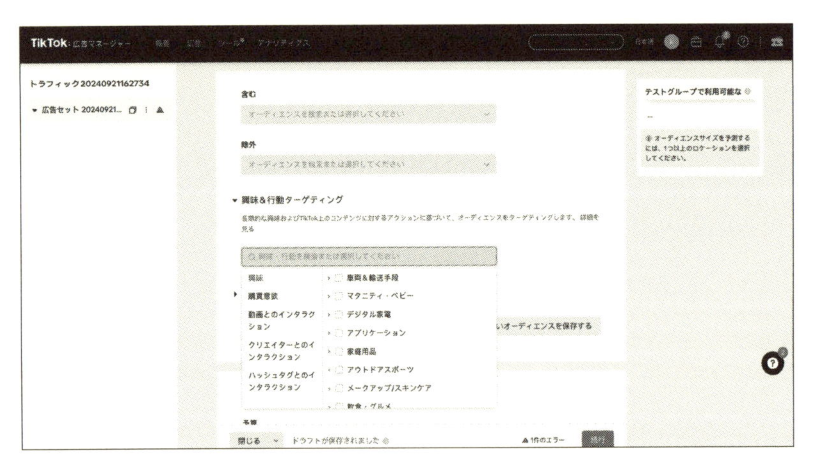

詳細なターゲティングを設定できます。あらかじめ媒体側で用意されたカテゴリから選択できます。

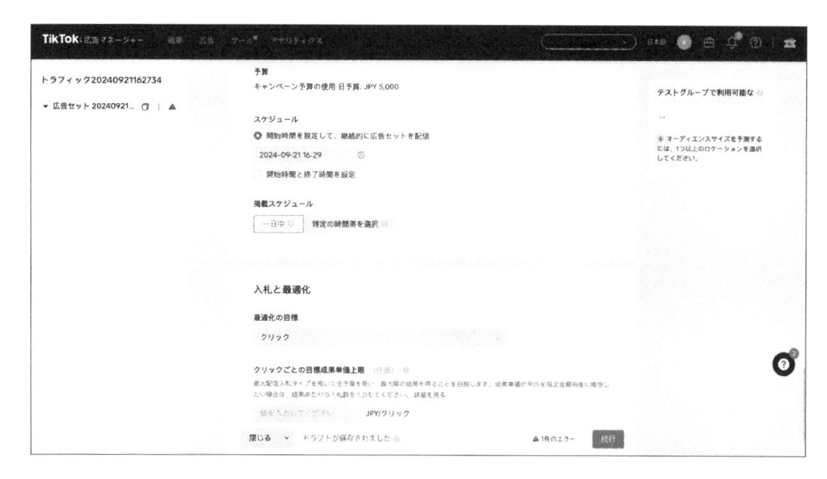

次にスケジュールの設定になりますが、分単位まで可能となっています。広告セットレベルでの予算の設定もこの場所で行うことができます。

また、その下で入札金額の設定をします。

広告設定の画面に移ります。

まず、広告に表示されるアカウントについて、既存アカウントを指定する場合は、こちらで選択します。

ただし、あらかじめ自身に権限があることが前提となります。

一方、カスタムアイデンティティの設定を行えば、画像と名称を設定するだけで、広告で表示されるアカウントを指定することができます。

次にクリエイティブ（動画）をアップロードし、広告テキストとリンク先 URL を入力する設定画面になります。

右側に、プレビューが表示されますので、様子を見ながら作成ができます。

広告作成完了と同時にキャンペーン設定の完了となります。

Microsoft オーディエンス（ディスプレイ）

◉概要

Microsoft オーディエンス広告は Microsoft が保有する Microsoft Edge、Outlook、MSN などのディスプレイ広告枠に配信できます。

Windows パソコンのデフォルトブラウザは Microsoft Edge です。

例えば、Google Chrome など別のブラウザに変えなければ、Microsoft Edge が使用されますので、多くの方が利用する場所にディスプレイ広告を配信できるのは効果的であると考えられます。

楽天モバイル

モバイルWi-Fiが衝撃価格

PR

「PR」というアイコンがついている画像が、オーディエンス広告となり、ついていないものはオーガニックの記事となります。

◉広告フォーマット

動画広告も配信ができますが、ここではディスプレイ広告（画像広告）をご説明します。画像が必要となります。

◉課金形態

課金形態については、クリック課金とインプレッション課金となります。

◉アカウント構成

こちらも Google と同一の内容で、

・キャンペーン
・広告グループ
・広告

の 3 階層に分かれている点は同じになります。

◉キャンペーン

アカウント構成の最上位階層となり、下記の設定が可能です。

・キャンペーン名

ひと目で見て何の案件を配信しているかを分かりやすく記載すると良いです。

・配信スケジュール設定

広告配信を行う開始日と終了日を設定できます。配信開始後に、終了日は変更できますが、開始日は変更できません。

時間帯での設定は可能です。

・1 日あたりの広告予算

Google/Yahoo! と同じく、総予算ではなく、1 日あたりの広告予算を設定する必要があります。

・入札単価

広告グループレベルで、入札単価を設定することが可能です。

・入札戦略

入札戦略が、「手動入札」と「自動入札」の2つに分かれる点は同じになります。

◉手動入札

・拡張クリック単価／手動CPM

自身で広告グループとキーワードの入札単価を設定します。

◉自動入札

・コンバージョン数の最大化

予算内でできるだけ多くのコンバージョン数を獲得するために、自動的にリアルタイムで入札単価を設定します。

◉広告グループ

広告グループ階層では、下記の設定が可能です。

・地域設定

都道府県〜市区町村レベルの地名での選択でき、座標での設定でも可能になります。

・デバイス

PC、スマートフォン、タブレットへ配信可能で、それぞれの入札調整比率も設定可能です。

・年齢 / 性別

Google 同様に、検索広告に年齢や性別のセグメントがかけ合わせすることが可能です。

・会社名 / 業界 / 職種

特定の会社 / 業界 / 職種で働くユーザーをターゲットとすることができます。

◉広告

キャンペーン、広告グループの中にある最下の階層が、広告になります。

・広告

画像の他に、見出し・説明文・リンク先の URL の 3 つの要素で構成されます。

規定は変更される可能性もあるため、常に管理画面の仕様を参照してください。

◉広告設定方法

では実際に Microsoft オーディエンス広告の設定方法をご説明しましょう。

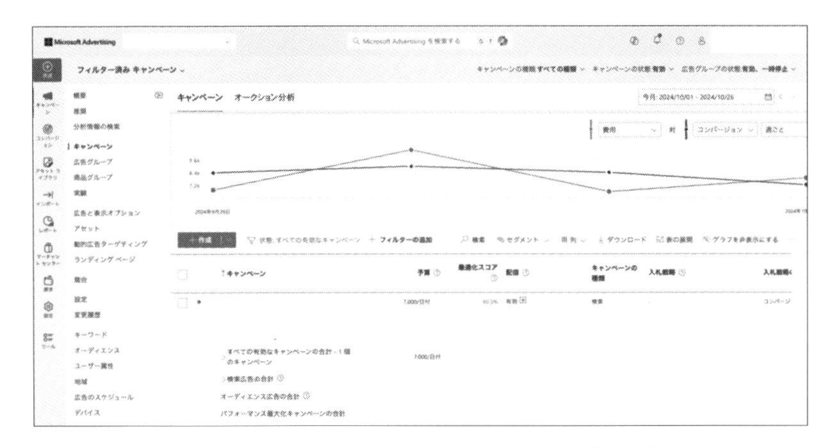

青色の「+作成」ボタンをクリックすると、設定を開始します。

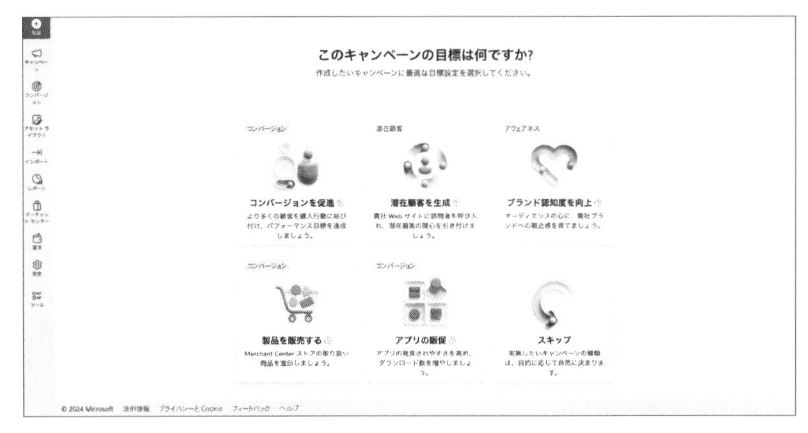

検索と同じく、まずキャンペーンの目的を選択します。

マーケティング目標に沿ったものを選択しましょう。

- コンバージョンを促進
- 潜在顧客を生成
- ブランド認知を向上
- 製品を販売する
- アプリの促進
- スキップ

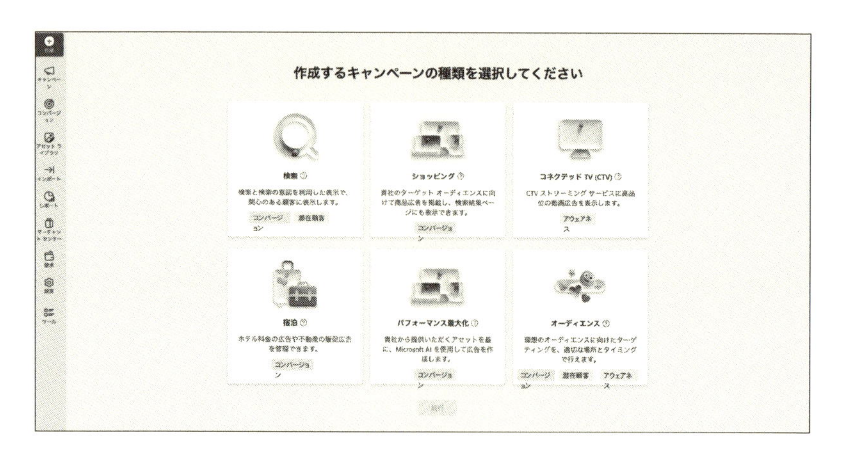

次に作成するキャンペーンの種類を選択じます。

- **検索**
- **ショッピング**
- **コネクテッド TV**
- **宿泊**
- **パフォーマンス最大化**
- **オーディエンス**

「オーディエンス」を選択します。

次にタイプを選択する形になりますが､今回は様々な面に配信できる「ネイティブ広告」を選択します。

次の画面にいきますと、オーディエンス広告については、検索広告の設定とは逆で、まず広告の部分から設定していきます。

遷移させる URL の入力と画像をアップロードしていきます。
右のプレビューで確認しながら設定しましょう。

下にスクロールすると、Google や Yahoo! と同じく、見出しや説明文を設定していきます。

次の画面で、広告グループへの設定画面へ遷移します。
地域 / 性別 / 年齢の設定ができます。

またその下には、通常は隠れているため、詳細を開く形になりますが、オーディエンス / 会社名 / 業界 / 職種の設定ができます。

最後にキャンペーンの設定画面になりますが、キャンペーン名と配信スケジュールを設定します。

時間帯レベルまでの設定はできません。

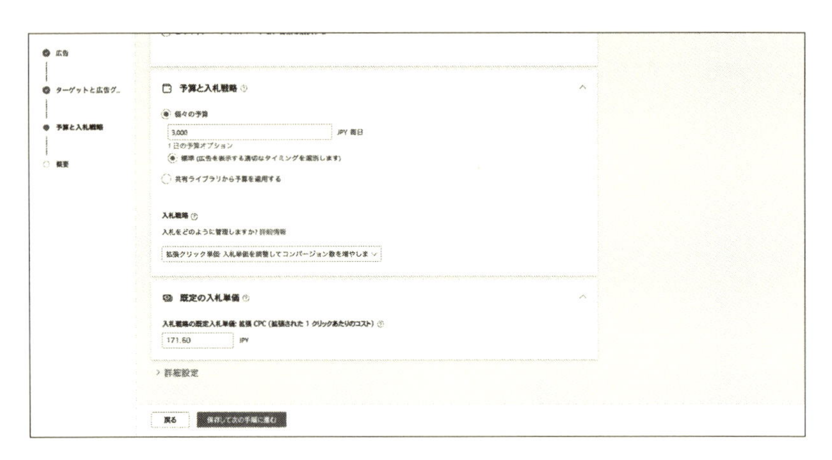

下にスクロールし、予算 / 入札戦略 / 入札単価を設定します。

最後の画面で全設定を確認し、問題なければ「登録完了」ボタンを押して、設定完了です。

第3章

媒体知識だけではダメ。自分で広告戦略を考えてみよう

デジタル広告のプランニング

これまで、主要媒体の特徴や設定方法について学んできました。

実際、各媒体の出稿方法が分かれば、広告自体は配信できるようになります。

ただそれは、手法だけを知っているという状態であり、どういった広告を配信すべきか、なぜその媒体を使うのか、までを考えていかないと、最適な広告を出稿することはできません。

英語文法の5W1Hに基づいた、広告戦略を考えていく必要があります。

【When】いつ出稿するのか　＝　掲載期間
【Where】どの広告媒体で出稿するのか　＝　掲載媒体
【Who】誰に対して出稿するのか　＝　ターゲット
【What】何について出稿するのか　＝　訴求内容
【Why】なぜ出稿するのか　＝　目的・KPI
【How】どのように出稿するのか　＝　広告クリエイティブ・ターゲティング

広告効果を最大化させるために、それぞれの要素を分解して、考えていきましょう。

デジタル広告の出稿企画（プランニング）をするにあたって、最も重要なことは、Why（何のために出稿するのか）を明確化することです。

広告出稿をする目的を理解・認識することで、その目的を達成するために、その他の4W1Hをどう企画すべきかを考えることが出来ます。

あなたが事業会社の人間であれば、何のためにデジタル広告を実施するのか、明確にしましょう。

あなたが広告会社の人間であれば、広告主が何のためにデジタル広告を実施するのかを把握しましょう。

では、広告を出稿する目的としては何があるのでしょうか？

例えば…

- **デジタル広告経由で、EC ショップの売上を増やしたい**
- **デジタル広告経由で、問い合わせを増やしたい**
- **デジタル広告経由で、商品認知を高めたい**
- **デジタル広告経由で、アカウントフォロワーを増やしたい**
- **デジタル広告経由で、サイト流入を増やしたい**

など。企業や人によって目的は異なります。その目的を達成できる広告手法は何なのかという視点で考えていきましょう。

またデジタル広告をプランニングする際は、「ファネル」という、ユーザーが認知し、コンバージョン（購入 / 問い合わせなど）までの図を見て考えると、分かりやすいです。

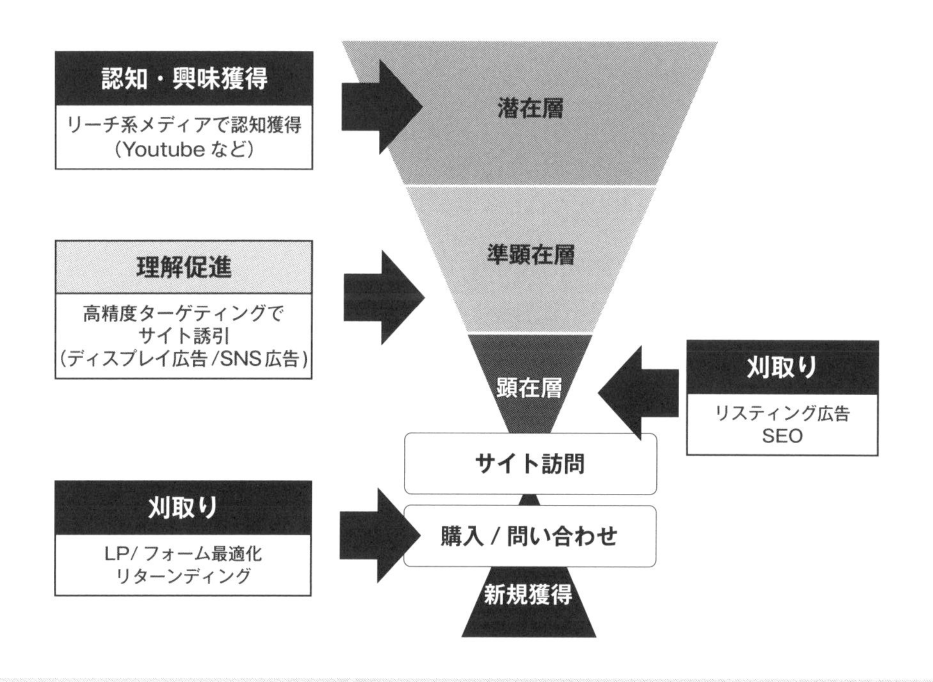

まず、ユーザーの階層として、潜在層、準顕在層、顕在層に分けます。

例えば、シャンプーを自社商品とした場合、
潜在層　＝一般ユーザー
準顕在層＝シャンプーが欲しいが、何のブランドにするか決めかねている
顕在層　＝自社シャンプーブランドを知っていて、デジタル上で探している
という形にユーザーを分類できるでしょう。

顕在層に対しては、既に自社ブランドに対して検索行動を起こしているユーザーを囲い込むリスティング広告が最適でしょう。

準顕在層に対しては、ターゲティングメディアである、ディスプレイ広告やSNS広告を用いて、自社のブランドを理解してもらうという施策がオススメです。

潜在層には、Youtube広告などを用いて、まずは多数のユーザーにリーチし、認知を促すことが必要になってきます。

このように、デジタル広告のプランニングにおいては、ユーザーの意識や階層を考え、またデジタル広告を出稿する目的を達成するために、どのユーザーを重心的に狙っていくのか、そのためにどの媒体に広告出稿するかを考えていくと良いでしょう。

デジタル広告のクリエイティブについて

デジタル広告において、戦略はもちろん大事です。

ただ、どんなに緻密な広告戦略だったとしても、配信する広告クリエイティブが良くないと、ユーザーには振り向いてもらえません。

自社の狙いたいユーザーに対して、魅力に感じてもらえるクリエイティブ、いわばメッセージを伝えることで、目的を達成できるのです。

あくまで例ではありますが、下記のようなTipsも列挙させていただきます。

◉広告文/クリエイティブ内に【数値】（定量データ）を入れる

「累計購入数 〇〇個」、「いまなら〇〇％値引き」など、入れてユーザーイメージを膨らませる。

◉誰宛なのかを明記する

「採用ご担当者様必見」、「お肌トラブルにお悩みの方へ」など、分かりやすく入れる。

様々な切り口/訴求のクリエイティブを作成し、同時に掲載して、どの効果が良いかABテストを実施。

①価格で訴求

②実績で訴求

③品質で訴求

④理由で訴求

⑤手軽さで訴求

◉インセクティブを明記

もし用意できるのであれば、「今なら、お問い合わせ頂くと、お役立ち資料をプレゼント！」など、ユーザーが目を引くようにする。

◉ CTA ボタンを入れる

特に、画像クリエイティブの場合、画像内に「詳しくはこちら」や「クリック」などの CTA ボタンを入れることで、広告がクリックされやすくなる。

◉メリットや特徴を入れる

この商品やサービスにおけるメリットや差別化ポイントである特徴をテキストやイラストで入れることでアピールできる。

◉訴求したい内容に沿った画像

例えば、自動車の広告であれば「自動車が映った画像」、ファミリー向けの訴求であれば「家族映った画像」など、一目で何の広告か分かるようにする。

◉限定感を出した内容を入れる

「この広告を見た人限定」とすると、限定感があるため、ユーザーの目を引くことができる。

ただし、事実に即した内容でないと、景表法などに抵触するため、気をつけること。

デジタル広告予算の考え方

デジタル広告において、予算はどのように決めるのでしょうか。

もちろん予算が大きいに越したことはありません。ただし、どれくらいの効果が見込めるかどうか分からないにも関わらず、いきなり多額の予算は掛けられないでしょう。

ではテスト予算として、どれくらいの予算を掛けるべきでしょうか。

例えば、デジタル広告の課金形態から考えてみましょう。

クリック課金の広告メニューで考えた時、1クリックあたりの課金単価を100円で入札したいとします。

例えば100クリックされた時の広告効果を見たい場合は、100円×100クリック=10,000円が必要となります。

こういった形で、まずどのくらいの量で効果を図りたいかという視点で考えてみると良いでしょう。

デジタル広告は、課金された際のみ料金を支払う形になるため、効果が得られなかった場合は一度停止して、再度戦略を練り直して再開できます。

第4章

もっと効果を
出すために
ツールを活用しよう

サイトの分析 / 計測をしていく

デジタル広告の出稿や数値確認は、各媒体の管理画面を使って完結することができます。

ただ、効果測定の観点で見ると、媒体の管理画面のみでは測りきれない部分もあります。

例えば、デジタル広告経由でサイトに遷移し、そのサイト遷移後のユーザーの動きは分かりません。

もちろんコンバージョンの設定をすることで、媒体管理画面で獲得数値自体の計測は可能です。

ただし、そこまでに至るフローやサイト内の動きを観察することで、詳細な分析が可能になります。

では、具体的にどのようにして、サイト遷移後の詳細を分析していくのでしょうか？

基本的には、外部ツールを用いて、分析 / 計測をしていきます。

本書では、代表的なツールを紹介しましょう。

Google アナリティクス

Google アナリティクス（略して GA）は、無料で利用できる、アクセス解析ツールです、ウェブサイトへ訪れるユーザーの行動を分析することができます。

主に SEO 対策に使われることも多いですが、デジタル広告でも広告経由

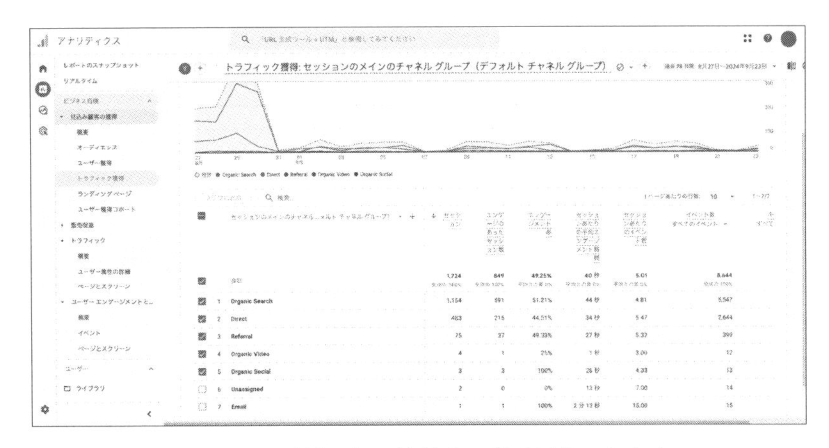

のユーザーの動きを分析し、他経路の数値との比較ができます。

同じ Google のサービスではあるため、Google 広告については、そのまま計測することができます。

具体的に GA を使うことで何が分かるのか、解説していきましょう。

◉ユーザーがどこから来たかがわかる

まず、はじめに、大前提ではありますが、自社のウェブサイトに訪れたユーザーが、どの経路から訪れたのかが分かります。これが GA の一番大きな特徴となります。

まず、GA で見ることのできる、代表的な指標を紹介します。

・セッション数

サイトまたはアプリで開始したセッションの数。

・エンゲージのあったセッション数

10 秒を超えて継続したセッション、コンバージョン イベントが発生したセッション、または 2 回以上のスクリーン ビューもしくはページビューが発生したセッションの数。

・エンゲージメント率

エンゲージのあったセッションの割合（エンゲージのあったセッション数をセッション数で割った値）。

・平均エンゲージメント時間

セッションあたりのユーザー エンゲージメント時間。

・イベント

ユーザーがイベントを引き起こした回数。

※イベント：ウェブサイトまたはアプリ上での特定のインタラクションを指します。

上記は、代表的な数値になりますが、基本的には、どれくらいのアクセス / エンゲージメント / イベントがあったのかを、確認できるようになっています。

また、GA で計測する際に、各経路の流入は、下記のように表示されます。

・Paid Social

SNS 広告からの流入。

・Organic Social

SNS（オーガニック）からの流入。

・Paid Search

リスティング広告からの流入。

・Organic Search

自然検索からの流入。

・Paid video

動画広告からの流入。

・Display

ディスプレイ広告からの流入。

・Email

メールからの流入。

・Direct

直接流入（URL 直接入力、お気に入りなど）。

・Affiliate

アフィリエイト広告からの流入。

・Referral

他 Web サイト（被リンク）からの流入。

なお、デジタル広告経由での流入を GA で確認する場合、何も設定していないと、デフォルトでは（not set）で表示されてしまいます。

ここで「パラメーター」と呼ばれる、URL の末尾に識別子のような文字列を追加することで、GA 側でどの経路から来たのかを計測できるようになります。

https://www.xxxx.com/?utm_source=A&utm_medium=B &utm_campaign=C&utm_content=D&utm_term=E

元の URL 部分「https://www.xxxx.com/」を生 URL と呼びます。

また、「?utm_source=A&utm_medium=B &utm_campaign=C&utm_content=D&utm_term=E」がパラメーターとなります。

パラメーターは主に 4 つに構成されます。

・utm_source（参照元）

Google や Instagram など流入元のサイトを記載します。

（例）utm_source=google
utm_source=instagram

なお、生 URL とパラメーターの間には必ず？マークを入れて、結びます。

また、パラメーター同士の間には & マークを入れる繋ぐ必要があります。

上記のルールを守りつつ、パラメータ箇所はすべて半角英数字を使用し日本語やカナ、空白等の仕様は控えましょう。

	セッションの参照元 / メディア	セッション	エンゲージのあったセッション数	エンゲージメント率	セッションあたりの平均エンゲージメント時間	セッションあたりのイベント数	すべ
	合計	625 全体の 100%	239 全体の 100%	38.24% 平均との差 0%	25 秒 平均との差 0%	4.42 平均との差 0%	
1	(direct) / (none)	214	95	44.39%	33 秒	5.03	
2	google / cpc	166	52	31.33%	22 秒	4.23	
3	facebook / paid	82	19	23.17%	1 秒	3.32	
4	google / organic	51	24	47.06%	45 秒	4.86	
5	meta / social	38	19	50%	4 秒	3.68	
6	google / pmax	12	0	0%	0 秒	3.00	
7	bing / organic	9	4	44.44%	35 秒	4.56	
8	wantedly.com / referral	9	6	66.67%	18 秒	3.44	

覚えることが多いですが、上記を覚えておくことで、どの経路の数値が良いのか、実施しているデジタル広告はサイト上でどのような動きをしているかなどを、把握・理解することができます。

◉サイト内でのユーザーの動きがわかる

GA の一番の醍醐味とも言えますが、広告からサイト流入後に、サイト内でのユーザーの動きが分かります。

・平均ページ滞在時間

広告からサイトに遷移した後に、どのくらいサイトに滞在していたかの時間が分かります。

・直帰率

広告からサイトに遷移（セッション）した後に、他ページを回遊せずに、離脱した割合を表しています。

・離脱率

広告からサイトに遷移（セッション）した後に、他ページを回遊した後、最終的に離脱した割合を表しています。

　また、どのページを経由して、最後にどのページで離脱したのか、経路/フローを確認することができます。

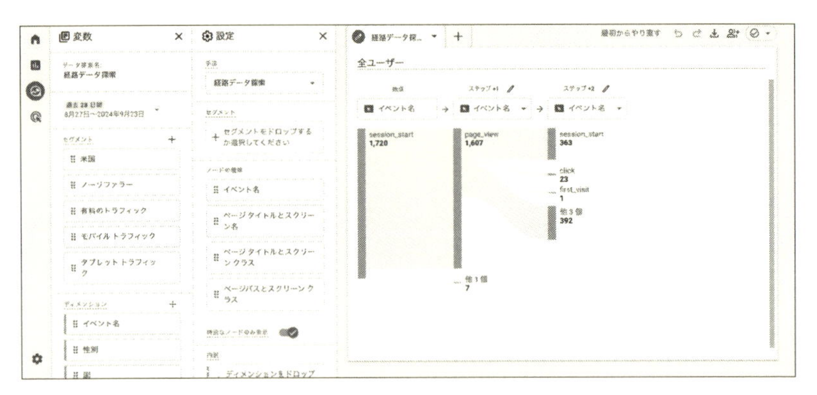

　つまり、どのページがユーザー離脱のボトルネックになっているのかが分かります。

◉リアルタイムの利用状況がわかる

　リアルタイムレポートという機能があり、今現在ウェブサイトにアクセスしているユーザーの動向が分かります。

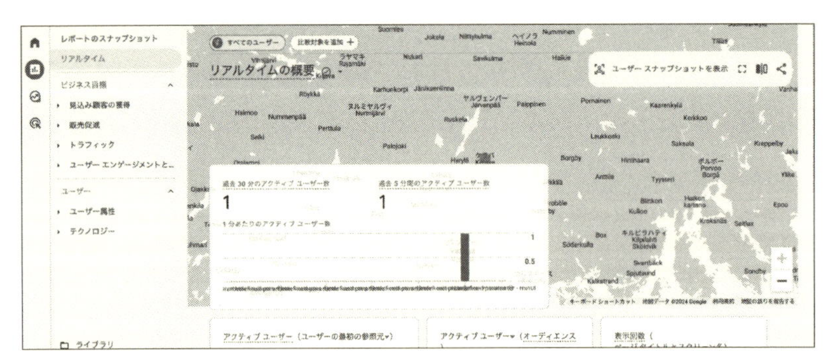

◉ Webサイトの成果達成状況がわかる

もちろんデジタル広告の各媒体管理画面でも広告経由の売上は確認可能ですが、GA側では売上金額も含めて、成果を確認することが可能です。

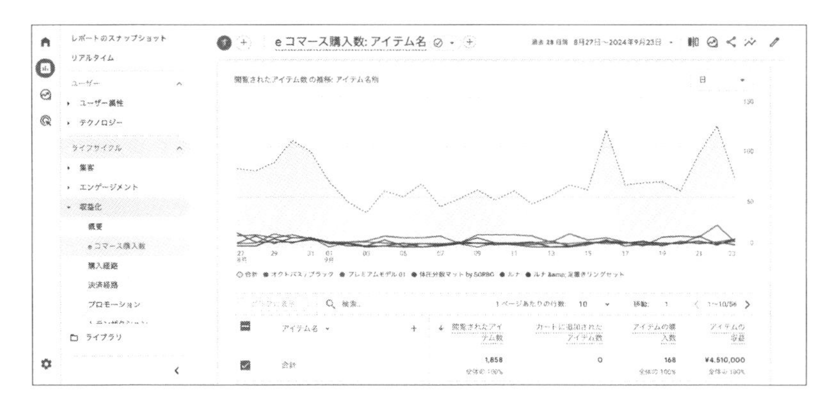

他の経路や媒体と金額売上を並列で比較できるため、獲得効率を正しく分析できるメリットがあります。

Google タグマネージャー

そもそもデジタル広告においてコンバージョン計測をするためにはどのように行うのでしょうか。

計測するにはどのようにして行うのでしょうか。

媒体管理画面からタグというコードを発行して、このタグを計測したいサイト内に埋め込みます。

タグが設置されたサイト / ページにユーザーがアクセスすることで、タグが反応（発火）して、計測することができます。
通常はサイトHTML内にタグの設置をします。

（例）HTML

```
    <html dir="ltr" lang="ja" prefix="og: https://ogp.me/ns#">
    <head>
        <meta charset="UTF-8">
        <meta http-equiv="Content-Type" content="text/html; charset=utf-8">
        <meta name="viewport" content="width=device-width, initial-scale=1">
        <link rel="profile" href="https://gmpg.org/xfn/11">


        <!-- All in One SEO 4.7.1.1 - aioseo.com -->
        <title>デジタメ株式会社</title>
        <meta name="robots" content="max-image-preview:large" />
        <link rel="canonical" href="https://digitame.co.jp/" />
        <meta name="generator" content="All in One SEO (AIOSEO) 4.7.1.1" />
        <meta property="og:locale" content="ja_JP" />
        <meta property="og:site_name" content="digitame inc. |" />
        <meta property="og:type" content="website" />
        <meta property="og:title" content="デジタメ株式会社" />
        <meta property="og:url" content="https://digitame.co.jp/" />
        <meta name="twitter:card" content="summary" />
        <meta name="twitter:title" content="デジタメ株式会社" />
        <script type="application/ld+json" class="aioseo-schema">
            {"@context":"https:\/\/schema.org","@graph":[{"@type":"BreadcrumbList","@id":"https:\/\/digitame.co.jp\/#breadcrumblist","itemListElement":[{"@type":"ListItem","@id":"https:\/\/digitame.co.jp\/#listItem","pos
        </script>
        <!-- All in One SEO -->

<link rel='dns-prefetch' href='//cdnjs.cloudflare.com' />
<link rel='dns-prefetch' href='//www.googletagmanager.com' />
<link rel='dns-prefetch' href='//use.fontawesome.com' />
<link rel='dns-prefetch' href='//pagead2.googlesyndication.com' />
<script type="text/javascript">
window._wpemojiSettings = {"baseUrl":"https:\/\/s.w.org\/images\/core\/emoji\/14.0.0\/72x72\/","ext":".png","svgUrl":"https:\/\/s.w.org\/images\/core\/emoji\/14.0.0\/svg\/","svgExt":".svg","source":{"concatemoji":"https:
/*! This file is auto-generated */
!function(e,a,t){var n,r,o,i=a.createElement("canvas"),p=i.getContext&&i.getContext("2d");function s(e,t){var a=String.fromCharCode,e=(p.clearRect(0,0,i.width,i.height),p.fillText(a.apply(this,e),0,0),i.toDataURL());retu
</script>
<style type="text/css">
img.wp-smiley,
img.emoji {
    display: inline !important;
    border: none !important;
    box-shadow: none !important;
    height: 1em !important;
    width: 1em !important;
    margin: 0 0.07em !important;
    vertical-align: -0.1em !important;
    background: none !important;
    padding: 0 !important;
}
</style>
    <link rel='stylesheet' id='wp-block-library-css' href='https://digitame.co.jp/wp/wp-includes/css/dist/block-library/style.min.css?ver=6.1.7' type='text/css' media='all' />
<link rel='stylesheet' id='classic-theme-styles-css' href='https://digitame.co.jp/wp/wp-includes/css/classic-themes.min.css?ver=1' type='text/css' media='all' />
<style id='global-styles-inline-css' type='text/css'>
body{--wp--preset--color--black: #000000;--wp--preset--color--cyan-bluish-gray: #abb8c3;--wp--preset--color--white: #ffffff;--wp--preset--color--pale-pink: #f78da7;--wp--preset--color--vivid-red: #cf2e2e;--wp--preset--co
.wp-block-navigation a:where(:not(.wp-element-button)){color: inherit;}
:where(.wp-block-columns.is-layout-flex){gap: 2em;}
```

　ただし、複数の媒体タグや異なる広告会社のタグを貼り付けた場合、サイトが重くなり、また管理が煩雑化してしまいます。

　そこで、Google タグマネージャー（GTM）というツールを使用することで、タグ管理を整理し、またタグ自体の設定もシンプル化することができます。

◉タグ管理

　まず、WEB サイトへの GTM 自体のタグの設置は必須となります。

　ただし、最初にこのタグを設置することで、後はすべて GTM 内で完結して設定ができるようになります。

（例）

あらゆる媒体タグについて、すべてGTM内で完結してタグ設定が可能となります。

GTMの初期設定をご説明しましょう。

上部の青字に「GTM-xxxxx」と書いてある箇所があり、こちらをクリックします。

GTM 自体のタグが出てきますので、こちらをサイトに設置します。

ウェブサイトのすべてのページに反映されるように、HTML 上に設置します。

2 つタグがありますので、
上のタグは、<head> 内のなるべく上のほうに貼り付けます。
下のタグは、<body> の直後に貼り付けます。

◉各媒体タグ設定

まず大きく 2 つの設定があります。

トリガーと呼ばれる、CV としてカウントする発動条件の設定を行います。

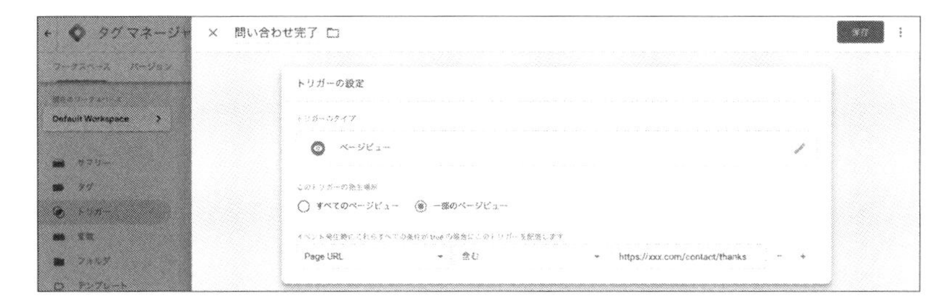

特定のページに到達の場合をトリガーとする場合は、URLを入力します。

その他、ボタンクリックやスクロールなどをトリガーとすることもできます。

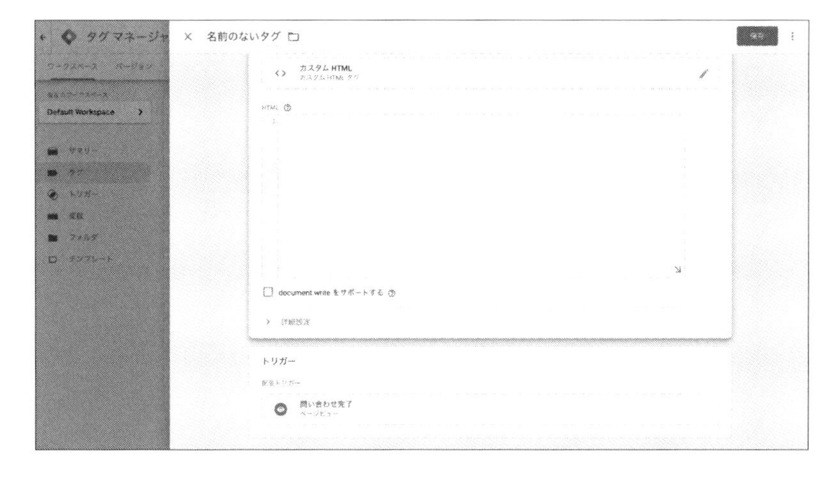

そして、そのトリガーに紐づける形で、媒体タグを設定する形となります。

媒体タグは、各媒体の管理画面から取得して、GTMのタグのところで、入力する形です。

一連の流れを実行することで、複数の媒体のコンバージョン設定を効率よく行うことができます。

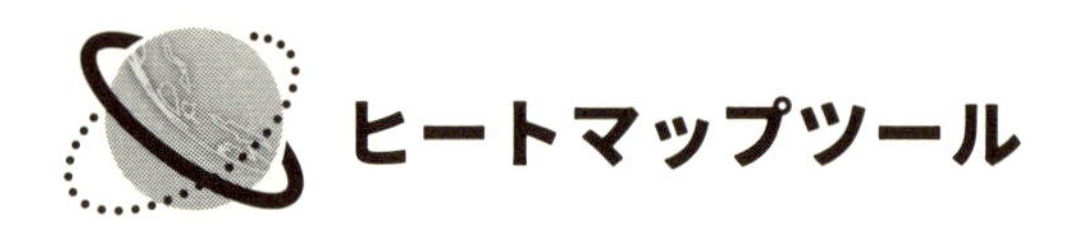

ヒートマップツール

GAの機能として、ユーザーの動きが把握できることが特徴と説明しました。

ただ、具体的にサイト内のどの部分が改善ポイントなのか、GAの数値を見るだけでは把握することは難しいです。
そこで、「ヒートマップツール」というツールを使うことで、サイト内を色付けして、ユーザーの読了率や離脱率を可視化して確認することができます。
ここでは、代表的な2つのツールを紹介させていただきます。

・ミエルカヒートマップ
株式会社Faber Companyが提供するヒートマップツールです。
ミエルカヒートマップ、https://mieru-ca.com/heatmap/

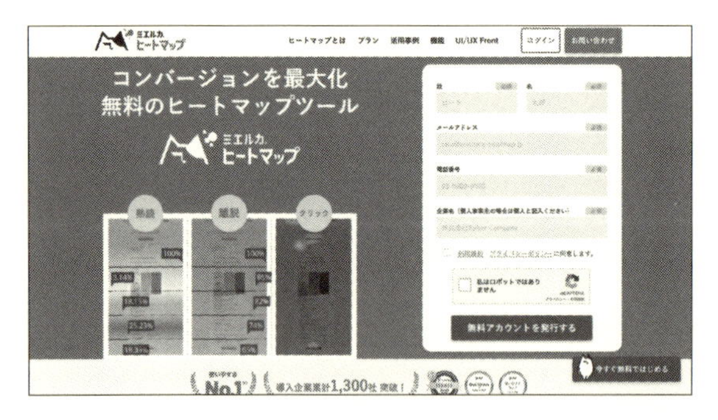

ミエルカヒートマップは、熟読・離脱・クリックの3つの観点で分析することができます。

アテンションヒートマップ（熟読）

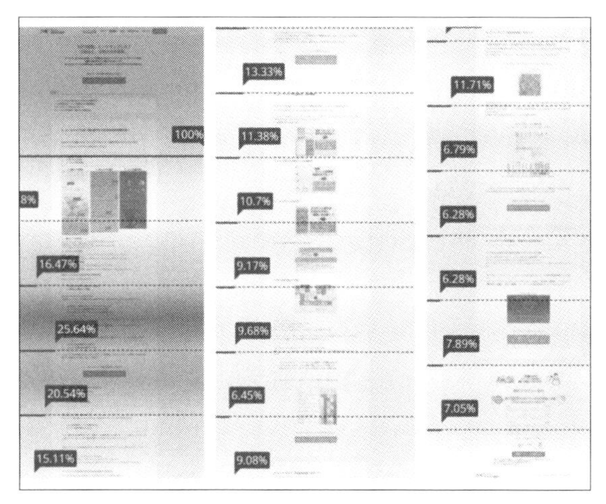

ユーザーの滞在時間が長いコンテンツと、短いコンテンツを色分けしており、つまりページ内のどこがよく読まれているかが分かります。

スクロールヒートマップ（離脱）

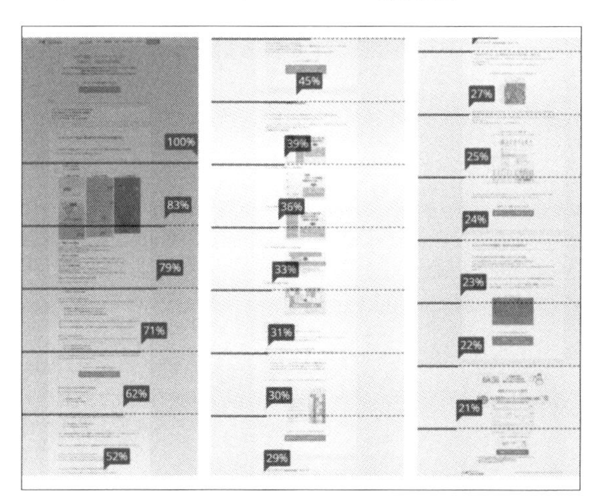

ユーザーがどこまでページスクロールを行い、ページのどこで離脱したか分かります。

クリックヒートマップ（クリック）

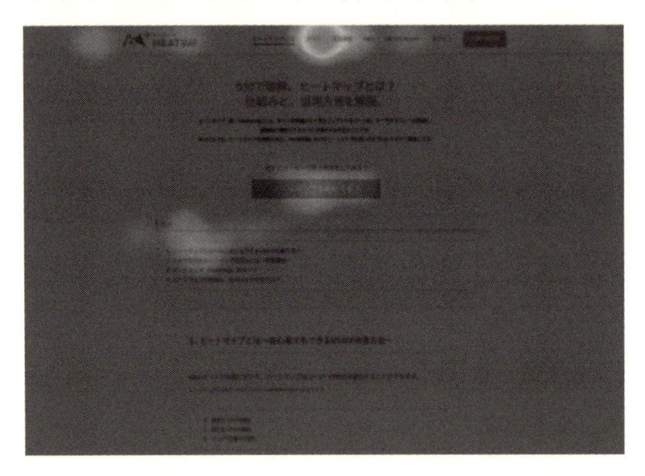

その名の通り、ユーザーがページのどこをクリックされたかが分かります。

・Clarity

Clarity、https://clarity.microsoft.com/lang/ja-jp

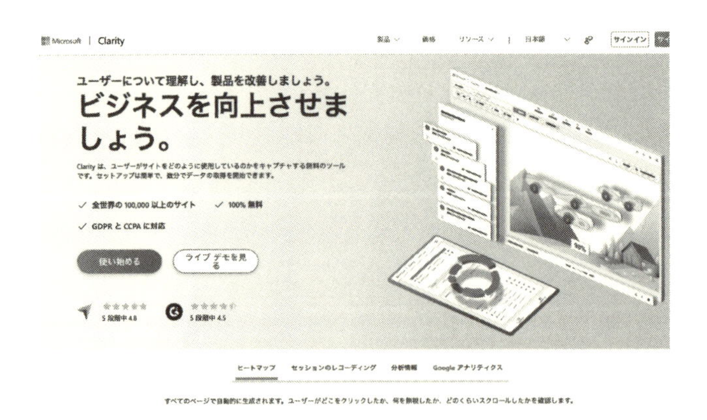

Clarity は、ワードやエクセルなどを展開するマイクロソフト社が提供するヒートマップツールです。

ヒートマップ

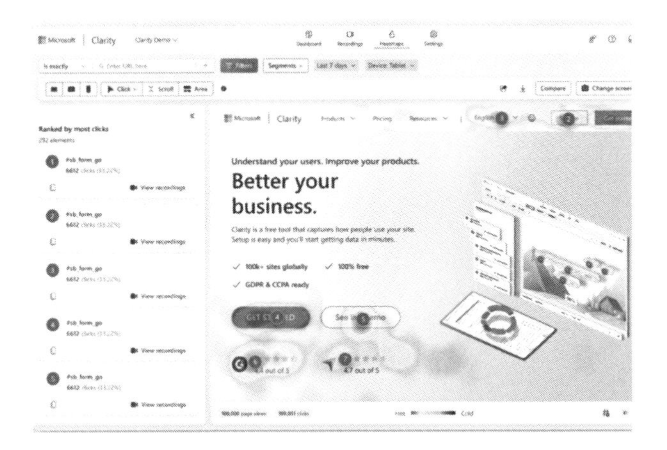

ミエルカヒートマップと同じく、ユーザーがどこをクリックしたか、何を無視したか、どのくらいスクロールしたかを確認することができます。

セッションのレコーディング

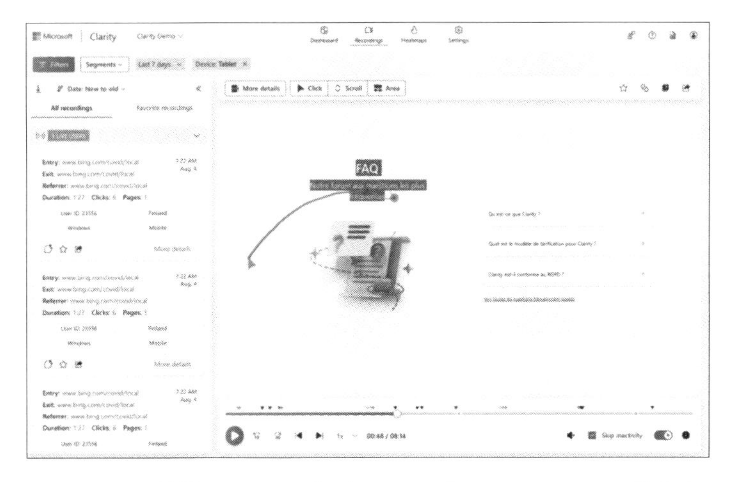

Clarity の特徴の一つですが、ユーザーのカーソルの動きをレコーディングして、何が機能し、何を改善する必要があるのかを確認することができます。

このようにツールの紹介させていただきました。

もちろん導入すること自体は必須ではありません。ただ、使うことで分析や改善に大きなプラスとなるツールです。

是非、ご自身の広告出稿の状況に合わせて活用してみてください。

第5章

デジタル広告
大論争！

媒体の違い、特徴をおさえる

さて、ここまでデジタル広告の媒体やツールについて紹介してきました。

ここで、デジタル広告における最新のトレンドや媒体同士の比較など、見てみましょう。

広告主にそれぞれの媒体の違いを聞かれた際に答えられるよう、特徴を把握しておきましょう。

また、デジタル広告は常に進化をし続けています。

昨日には出来なかったことが、今日にはできるようになっているなど、常にトレンドやアップデートに敏感になっていないと、すぐ置いていかれてしまいます。

ただ媒体情報を押さえておくのみではなく、時代や世の中の変化に応じて、デジタル広告もどう変わっていくのかをウォッチしていきましょう。

・比較してみた！　Google vs Yahoo!

まず、日本では検索エンジンの二大巨頭として知られる、Google とYahoo! について比較してみましょう。

◉ Google 広告

- BtoB 向けに強い（ビジネスパーソンがよく利用している）。
- Google にしかない機能・メニューがある（P-Max など）。
- 日本国外にも配信することができる。

・動画（Youtube）広告や様々な面に配信できる広告（P-Max、ファインドなど）が存在する。

◉Yahoo! 広告

・BtoC 向けに強い（年齢層が高いユーザーや主婦層などがよく利用している)。
・提携している検索パートナーサイトが日本人の馴染みの多いものが多い。
・BtoB 向けにはあまり向かない。
・機能の豊富さは Google に劣る（機能のアップデートは Google の後追いであることが多い）
・ポータルサイトがあるため、Yahoo! トップ面のバナー枠に掲載ができる。

両者とも同じポータルサイトであり、基本的には同じ広告サービスではありますが、特徴が少し異っていることも事実です。

Google しか利用しないユーザー、Yahoo! しか利用しないユーザーが存在するため、広告予算に余裕があるのであれば、Google と Yahoo! の双方に配信することで、ユーザーの取り零しを防ぐことができます。

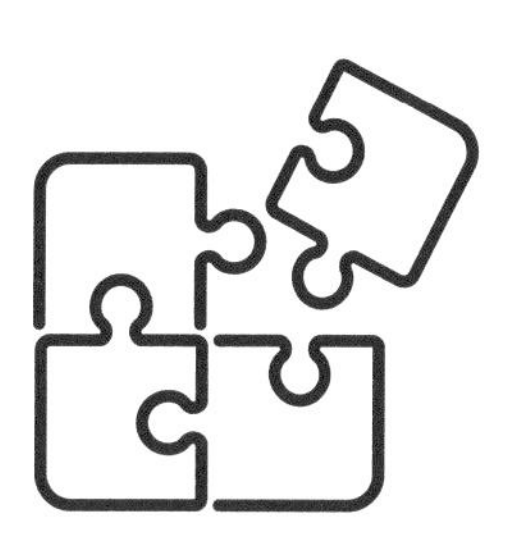

SNS 大戦争
Meta vs X vs LINE vs TikTok

◉概要

媒体名	Facebook	Instagram	X	LINE	TikTok
登録情報	実名	実名 （FB と連動）	匿名	実名	匿名
つながり	知人、 会社の人	知人、 投稿内容が 好みな人	興味関心の 近い人	知人	知人、 投稿内容が 好みな人
利用傾向	近況報告	承認欲求を 満たす場所	情報の キャッチ アップ	連絡手段	自分で 作成した コンテンツを公開
投稿内容	ライフ イベントの報告	フォト ジェニックな 写真	今の心境など	連絡の内容	ショート動画
拡散力	○	▲	◎	▲	▲
好まれる投稿	有益な情報	フォト ジェニックな 写真	話題性がある 情報	有益な情報	目を引く 動画

特徴を箇条書きで記載させていただきます。

◉ Facebook

・実名登録制を基本としている。

・プロフィール情報を設定し、知人や会社の人と繋がる。

・主に近況やライフイベントの報告に用いられる。

・自身の関心に近い内容や有益な情報が投稿として好まれる。

◉ Instagram

・Facebook と連動しているため実名メインではあるが、匿名も可。

・知人に加え、インフルエンサーなど自身が好む投稿者をフォローする。

・自身の日常で撮影した画像を加工して他人に共有する。

・「インスタ映え」という言葉があるように、フォトジェニックな投稿が好まれる。

◉X

・匿名可能だが、ユーザーによっては実名で利用。
・興味関心が近しい人や分野のアカウントをフォローすることが多い。
・短文投稿であるため、リアルタイムな情報や話題を共有し、またキャッチアップができる。
・ニュース性や話題性の高い情報が拡散されやすい。

◉LINE

・電話番号登録が必須ではあるが、プロフィールは任意の名称で登録できる。
・家族や知人などよくコミュニケーションを取る人と繋がる。
・SNSの中では唯一のコミュニケーションツールであり、メールに代わる連絡手段として用いられる。
・近況などの投稿やアップデートがされやすい。

◉TikTok

・匿名可能。著名人やインフルエンサーは実名登録が多い。
・興味関心が近しい人や分野のアカウントをフォローすることが多い。
・縦長動画共有アプリであり、自身の制作した動画を共有できる。
・面白さや斬新さのある動画が話題化されやすい。

上記のように列挙してみましたが、こうして見ると、各SNSで特徴が様々であり、使っているユーザーの属性も様々であります。

ただ、どれが優る、どれが劣るということではなく、広告主が狙いたいユーザーや訴求に合わせて、一番合いそうな媒体に出稿することが良いかと思います。

流行りの縦型動画って実際どうなの？

さあここで、最近のデジタルトレンドにも触れていきましょう。

最近よく見かける縦型ショート動画について、皆さんはどう感じていますでしょうか？

前述のTikTokをはじめ、Instagramストーリーズ、YouTubeショートなど、実は縦型動画がメインのメディアは増えています。

1分以内の縦型の動画コンテンツで、且つスマホ画面いっぱいに表示される縦長素材はインパクト大で、確実にユーザーへの認知拡大に貢献することができます。

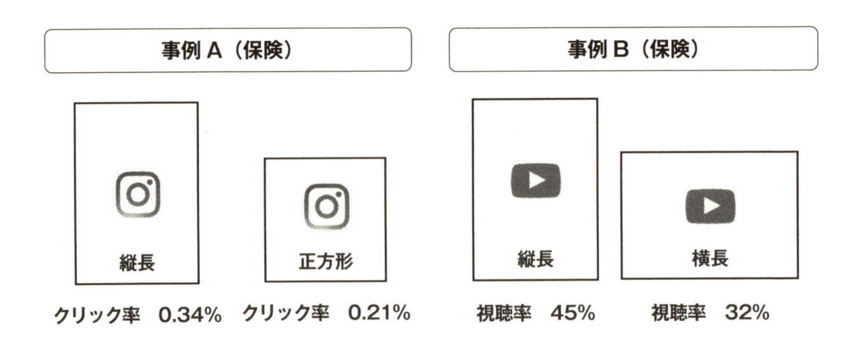

あくまで一例であり、ケースバイケースではありますが、クリックや視聴など、ユーザーからのエンゲージメント数値も良くなる傾向にあります。

一方で、短い動画に収めるとなると、伝えたいメッセージを簡潔に且つ分かりやすく盛り込む必要があります。

工夫の仕方が、難しいところではありますが、やはりユーザーも長い動画広告を見せられるよりは、短く簡潔なものの方が、ストレスもなく、ポジティブに受け入れられるかと思います。

話題のチャット GPT とデジタル広告の相性は？

今や AI の時代と言われていますが、チャット GPT の台頭が話題となっています。

チャット GPT は、ユーザーが入力した質問に対し、対話形式で返答してくれるチャット型の AI サービスになります。

通常ですと、日常のギモンの回答や文章作成のサポートなどで利用している方が多く、まるで専門家に助けてもらうような形で、活用することができます。

では、デジタル広告において、チャット BOT の活用はできるのでしょうか？大きく２つの使い方を紹介します。

一点目としては、「広告文の作成」として、活用することができます。

前述の通り、特にリスティング広告では、複数パターンの広告文を設定し、最適化を目指します。

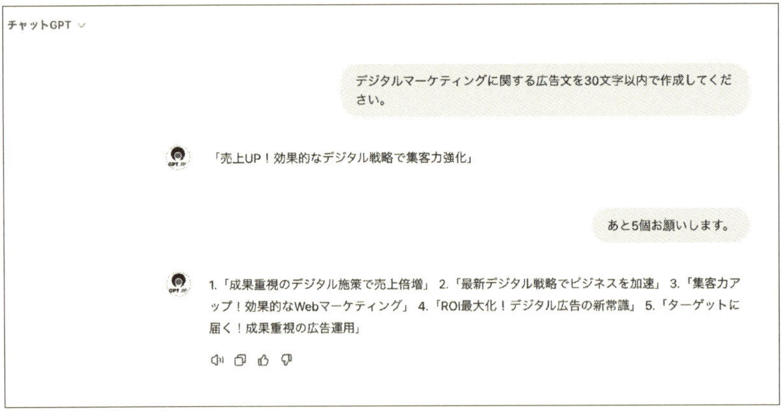

チャットGPT

デジタルマーケティングに関する広告文を30文字以内で作成してください。

「売上UP！効果的なデジタル戦略で集客力強化」

あと5個お願いします。

1.「成果重視のデジタル施策で売上倍増」 2.「最新デジタル戦略でビジネスを加速」 3.「集客力アップ！効果的なWebマーケティング」 4.「ROI最大化！デジタル広告の新常識」 5.「ターゲットに届く！成果重視の広告運用」

ただ、沢山の広告文を作ることは大変で、かつ主観での作成になってしまうため、第三者の視点で複数案を作れることは、効果的であると考えます。

チャットGPTに対して、訴求のテーマや文字数の指定などをすることで、数秒で広告文を作成することができます。

また、意図と違った場合は、追加で要望や修正依頼をすることで、精度の高いものに仕上げることができます。

二点目としては、「広告数値の分析」が可能です。

詳細な分析や改善提案については、まだまだ人間の頭の方が優ると思われますが、簡単な分析については、チャットGPTでも可能なのです。

下記の広告数値を分析してください。

表示回数：43,801
クリック回数：22
視聴回数：15,655
視聴単価：3.9円
費用：62,022円

この広告数値から、いくつかの重要な指標を計算して広告のパフォーマンスを分析します。

1. クリック率 (CTR: Click-Through Rate)

クリック率は、表示回数に対するクリック回数の割合を示します。

$$CTR(\%) = \left(\frac{\text{クリック回数}}{\text{表示回数}}\right) \times 100$$

$$CTR = \left(\frac{22}{43,801}\right) \times 100 \approx 0.05\%$$

2. 視聴率 (View-Through Rate, VTR)

視聴率は、表示回数に対する視聴回数の割合を示します。

$$VTR(\%) = \left(\frac{\text{視聴回数}}{\text{表示回数}}\right) \times 100$$

$$VTR = \left(\frac{15,655}{43,801}\right) \times 100 \approx 35.7\%$$

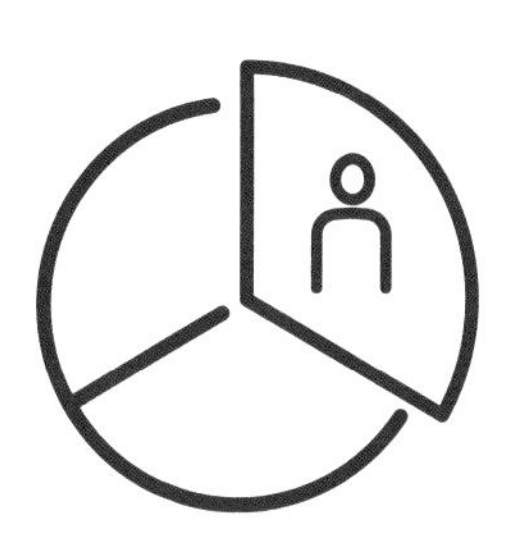

3. クリック単価 (CPC: Cost Per Click)

クリック単価は、広告費用をクリック回数で割ったものです。

$$CPC = \frac{\text{費用}}{\text{クリック回数}}$$

$$CPC = \frac{62,022}{22} \approx 2,819\text{円}$$

4. 視聴あたりの費用 (CPV: Cost Per View)

視聴単価が既に与えられていますが、計算で確認します。

$$CPV = \frac{\text{費用}}{\text{視聴回数}}$$

$$CPV = \frac{62,022}{15,655} \approx 3.96\text{円}$$

分析結果

- クリック率が0.05%と低いため、広告の表示はされているものの、クリックにはつながりにくいです。クリック率が低い場合、広告の内容やターゲティングの改善が必要かもしれません。
- 視聴率が約35.7%と比較的高いことから、広告は視覚的に注目を集めているが、クリックへの誘導にはつながっていない可能性があります。
- クリック単価が2,819円と非常に高いため、費用対効果が良くない状態です。費用を下げる、あるいはクリック数を増やす施策が必要です。
- 視聴単価は3.9円と比較的低コストであり、動画の視聴は一定の効果を上げていることがわかります。

この結果を基に、広告のクリエイティブやターゲティングの改善を検討することが重要です。

チャット GPT に広告数値を入力して分析をお願いしてみると、まず率や単価を計算してくれます。

その上で、分析結果を箇条書きで返答してくれます。

やはり数値を見ただけで、表面的な回答という印象ではありますので、参考程度にした上で、自分の考えを追加すると良いかと思います。

このように、デジタル広告においても、実際に使える場面が多くあります。

まだチャット GPT での成果物をそのまま転用するということは推奨ではなく、あくまで参考程度で、最後に人間がチェックした上でデジタル広告分野に展開していくのが良いかと思います。

第6章

シン・デジタル広告大全《まとめ》

臨機応変に配信する

最後の章ですが、デジタル広告への理解は深まりましたでしょうか？

はじめにお話しした通り、デジタル広告においては、基本的な概念や仕組みを最初に把握しておくことが大事です。

・最適なデジタル広告は配信してみないと分からない

ここまでじっくりと読んでいただいていれば問題ないかと思いますが、皆さんが取り扱うデジタル広告は、主に運用型となりますので、実際の配信状況によって臨機応変に対応する必要があります。

前提知識の元で、効果最大化に向けて、その場面場面でどう動いていくか、つまり応用力が必要となります。

ただ、この応用力を磨くために、何かマニュアルというものがあるのではなく、「習うより、慣れろ」という形が正しいかも知れません。

例えば、クリック単価（CPC）が高いから、入札を下げようとした時、今度は入札を下げたことで、配信の進捗が進まなくなってしまった、など、自分の思った通りに進めないことも多いです。

最初からうまくいく手法が決まっていれば、誰も困らないですが、そんなうまい話はない訳でして、最適なデジタル広告の配信はやってみないと分からないものです。

やってみた上で失敗することも多いと思います。

トライ＆エラーを繰り返すことで、知識/知見が溜まっていき、最適な広告配信をコントロールできるようなデジタル広告担当に成長していけるかと思います。

・**媒体に任せる最適化も大事**

自分自身でトライ＆エラーを繰り返して運用していくことが重要である一方で、「媒体に任せる」という最適化も大事になってきます。

前述の通り、自動入札という機能も存在している通り、機会に任せた方が良い場面もあります。

例えば、人力の場合、24 時間 365 日 管理画面に張り付いて運用調整をすることは不可能です。

ただし、媒体は 24 時間 365 日で自動入札を実行してくれ、人間が寝ている間も、最適化に向けて動いてくれています。

また、結局はどういったユーザーがクリックをしてくれるのか、どういったユーザーがコンバージョンをしてくれるのかについて、我々人間としては〇〇歳代の〇〇関心層など、定性的なイメージは持っております。

しかし、実際に狙いたいユーザーがどういったネット上の行動をしているのか、具体的な変数や要素は、可視化されて見ることができるものではありません。

機械学習という言葉あるように、媒体側ではユーザーの行動をアルゴリズム分析して、最適化を掛けることができますが、これはやはり人間ではできません。

人間が、何が何でも努力して成果を上げていくということはかなり難しく、人間ができない部分は機械（媒体）に任せて、双方で成果を上げていくやり方がベストであると考えます。

広告戦略の立案を極める

・媒体知識の蓄積と広告戦略の立案を極めよう

序章から、耳にタコができるくらいお話ししているかも知れませんが、一にも二にも、まずは「媒体知識」を深めましょう。

そして、深めた上で、変化にも敏感になりましょう。
何故かというと、媒体の仕様は常にアップデートが繰り返されています。

極論ですが、昨日できたことができなくなっていたり、昨日無かったものが増えていたりと、弛まず変化していっています。

管理画面を見たら、予告なしで、勝手に仕様が変わっていて、また新しい機能が増えているということも多々あります。
それくらいデジタル広告媒体の動きはスピーディーで、常に追っていないと置いていかれてしまいます。

広告代理店担当者の場合、広告主（クライアント）の方が先に媒体の最新情報を知っていて、恥をかくこともあります。

また、広告の入稿規定が変わって、以前の規定に沿って用意した素材（クリエイティブやテキスト）で、入稿 / 配信ができなくなってしまったというトラブルも起きます。

広告運用のプロフェッショナルとして、自分が取り扱う媒体の情報は常にウォッチしつつ、最適な広告出稿に活かしていきましょう。

・あなたにしかできないデジタル広告出稿があるはず！
幸運を祈る！

最後まで本書をお読みいただき、ありがとうございます。

私がデジタル広告で一番魅力的だと思うところは、「自分で作った広告を簡単に世の中に出せる」点だと思っています。

もちろん簡単に出せるという意味は、弊害やリスクもありますが、自分で戦略やクリエイティブを考え、自分で配信設定をして、世の中に送り出すという点にやりがいや感動を得ることができます。

管理画面上では、表示回数やクリック数など数字でしか可視化されませんが、世の誰かが自分の作った広告を見てくれて、もしかするとその人の心を動かしている、と感じられると、デジタル広告の面白さを実感することができます。

誰かの心を動かすことができる、あなたにしかできない、デジタル広告がきっとあると信じています。

本書が少しでもみなさんのデジタル広告出稿の一助になれば、大変嬉しく思います。

みなさんのデジタル広告出稿の成功を心からお祈りいたします。

また、出稿に役立つ資料がある下記サイトへも、ぜひアクセスしていただければ幸いです。

Good Luck!

㈱デジタメ　大橋浩平提供
読者様へのお役立ち資料ページ
https://forms.gle/wSUv5VweoURAnpQE7

大橋浩平（おおはし・こうへい）
デジタメ株式会社代表取締役（CEO）
慶應義塾大学在学中に米国ロサンゼルスに遊学。以来3年間エンタメプロデューサーの鞄持ちとして、映画祭主催やタレントマネジメント業務に関わる。2016年に株式会社電通に入社し、デジタルマーケティングの戦略・予算策定から制作・運用まで幅広く従事。2019年にデジタメ株式会社を設立し、デジタルとエンタメの二軸でビジネスを展開。また、国際ファッション専門職大学にて講師、株式会社Tokyo New Cinemaにてマーケティングディレクターを兼任。2024年より映画プロデューサーとしての活動を開始し、同年に初監督・プロデュース作品「ドッペルゲンガー」を製作。

url：https://digitame.co.jp/
mail：contact@digitame.co.jp

サルでも知識ゼロでも、最適なWEB広告出稿ができる！ シン・デジタル広告大全

2025年3月19日　初版発行

著者　大橋浩平
発行者　和田智明
発行所　株式会社ぱる出版
〒160-0011　東京都新宿区若葉1-9-16
03(3353)2835－代表
03(3353)2826－FAX
印刷・製本　中央精版印刷(株)
本書籍に関するお問い合わせ、ご連絡は下記にて承ります。
https://www.pal-pub.jp/contact

ISBN978-4-8272-1494-9　C0034